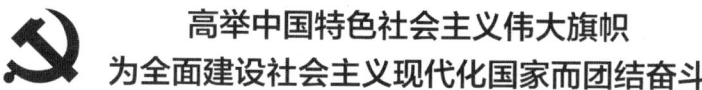
高举中国特色社会主义伟大旗帜
为全面建设社会主义现代化国家而团结奋斗

五个必由之路

新时代中国的成功密码

———— 本书编写组◎编 ————

新华出版社

图书在版编目（CIP）数据

五个必由之路：新时代中国的成功密码 /《五个必由之路：新时代中国的成功密码》编写组编. -- 北京：新华出版社, 2022.4（2025.2重印）
ISBN 978-7-5166-6290-8

Ⅰ.①五… Ⅱ.①五… Ⅲ.①中国特色社会主义 - 社会主义建设模式 - 文集 Ⅳ.①D616-53

中国版本图书馆CIP数据核字（2022）第088753号

五个必由之路：新时代中国的成功密码

编　　者：《五个必由之路：新时代中国的成功密码》编写组	
出 版 人：匡乐成	出版统筹：许　新　黄春峰
责任编辑：唐波勇　陈思淇	封面设计：刘宝龙

出版发行：新华出版社
地　　址：北京石景山区京原路8号　　邮　　编：100040
网　　址：http://www.xinhuanet.com/publish
经　　销：新华书店、新华出版社天猫旗舰店、京东旗舰店及各大网店
购书热线：010 - 63077122　　中国新闻书店购书热线：010 - 63072012

照　　排：六合方圆
印　　刷：大厂回族自治县众邦印务有限公司
成品尺寸：160mm×230mm
印　　张：16　　　　　　　　　　字　　数：220千字
版　　次：2022年11月第一版　　印　　次：2025年2月第二次印刷
书　　号：ISBN 978-7-5166-6290-8
定　　价：38.00元

版权专有，侵权必究。如有质量问题，请与出版社联系调换：010-63077124

谱写新时代中国特色社会主义更加绚丽的华章

——党的二十大代表讨论二十大报告综述

"全党同志务必不忘初心、牢记使命,务必谦虚谨慎、艰苦奋斗,务必敢于斗争、善于斗争,坚定历史自信,增强历史主动,谱写新时代中国特色社会主义更加绚丽的华章。"习近平总书记在党的二十大报告中深刻总结了新时代十年极不平凡的成就和伟大变革,在向第二个百年奋斗目标进军的关键时刻,举旗定向,凝心聚力,在代表中引发强烈讨论。

代表们表示,新时代中国特色社会主义是我们党领导人民进行伟大社会革命的成果,也是我们党领导人民进行伟大社会革命的继续。这份报告蓝图宏伟,路径清晰,必将激励全党全国人民紧密团结在以习近平同志为核心的党中央周围,自信自强、守正创新,踔厉奋发、勇毅前行,为全面建设社会主义现代化国家、全面推进中华民族伟大复兴而团结奋斗!

新时代的伟大成就,充分彰显中国特色社会主义强大生机活力

金秋十月,蓬勃生长的河北雄安新区,机械轰鸣、塔吊林立。

设立五年来,雄安新区从"一张白纸"起笔,稳扎稳打,一座未来之城拔地而起。这一疏解北京非首都功能、推进京津冀协同发展的历史性工程,昭示出中国特色社会主义的强大生机活力。雄安新区党工委副书记、管委会常务副主任田金昌代表说:这让我们更加坚定信心,高质量高标准建设雄安新区，努力创造新时代高质量发展的标杆。

完成脱贫攻坚、全面建成小康社会的历史任务，实现第一个百年奋斗目标，迈上全面建设社会主义现代化国家新征程……

十年砥砺奋进，党和国家事业取得历史性成就、发生历史性变革，彰显中国特色社会主义强大的生机活力，中华民族伟大复兴有了更为完善的制度保证、更为坚实的物质基础、更为主动的精神力量。

习近平总书记在报告中总结了十六个方面的历史性成就、历史性变革，引起国家发展改革委农村经济司干部郑慧涛代表的强烈共鸣。这位曾在河北省灵寿县马家庄村担任驻村第一书记的"80后"博士，带领乡亲们一道发展特色农业、壮大集体经济、改善人居环境、丰富文化生活。

"亲眼见证马家庄村'脱贫摘帽'，亲身参与打赢脱贫攻坚战的宏大实践，最深切的感受是，新时代十年伟大成就的取得，根本在于党的全面领导能够凝聚起广大人民群众追求幸福生活的磅礴力量，这是我们奋进新征程最强大的底气所在。"郑慧涛代表说。

中国特色社会主义最本质的特征是中国共产党领导，中国特色社会主义制度的最大优势是中国共产党领导。

参加过泸定地震救援等多次灾害救援工作的四川省森林消防总队应急通信与车辆勤务大队队长助理母强代表说："在救援现场，我们的工作是全力搜集灾情态势，第一时间回传相关信息，保障支撑救援行动有序开展，努力保护人民生命财产安全。在这些争分夺秒的特殊战场上，我深深感受到，中国共产党无比坚强的领导力，是风雨来袭时人民最可靠的主心骨。"

"鞋子合不合脚，只有穿的人才知道。"湖南省郴州市委书记吴巨培代表说，十年来，在新发展理念指引下，当地坚持生态优先、绿色发展，绿水青山真正成了金山银山。实践证明，这条道路符合中国实际、反映中国人民意愿、适应时代发展要求，不仅走得对、走得通，而且也一定能够走得稳、走得好。

高举伟大旗帜，以中国式现代化全面推进中华民族伟大复兴

旗帜决定方向，道路决定命运。党要在新的历史方位上实现新时代党的历史使命，最根本的就是要高举中国特色社会主义伟大旗帜。

"从现在起，中国共产党的中心任务就是团结带领全国各族人民全面建成社会主义现代化强国、实现第二个百年奋斗目标，以中国式现代化全面推进中华民族伟大复兴。"习近平总书记在报告中的这一重要宣示，在代表中引起广泛共鸣。

坚持农业农村优先发展、发展乡村特色产业、拓宽农民增收致富渠道……聆听了总书记的报告，福建省寿宁县下党乡党委书记项忠红代表第一时间通过视频电话向远在1800公里外的乡亲们分享感受。"怎么增加致富渠道，怎么让大家的口袋再鼓点儿，是眼下乡亲们最关心的事儿，这些事报告有部署。下党乡将继续充分挖掘绿水青山的生态资源，推进一二三产业融合发展，以生态为先，走好乡村振兴之路。"

推动县域高质量发展、对口帮扶欠发达地区……浙江嘉善县委书记江海洋代表深有感触："共同富裕要靠一代代人努力奋斗。我们将统筹推进城乡深度融合，让老百姓共享高质量发展的成果。"

人口规模巨大的现代化，全体人民共同富裕的现代化，物质文明和精神文明相协调的现代化，人与自然和谐共生的现代化，走和平发展道路的现代化……中国式现代化，是中国共产党领导的社会主义现代化，既有各国现代化的共同特征，更有基于自己国情的中国特色。

昔日脱贫攻坚主战场，今朝正奋力建设数字经济发展创新区，贵州省凭借大数据等科技赋能，努力"弯道超车"实现跨越式发展。

贵州东方世纪科技股份有限公司党支部书记李胜代表说，坚持把发展经济的着力点放在实体经济上，牢牢抓住加快建设数字中国的机遇期，持续提高"智慧防汛减灾"的精度、速度和广度，为西部大开发和全面推进乡村振兴战略提供更加安全的保障。

实践已经证明，也必将进一步证明：中国特色社会主义道路一定会越走越宽广。商务印书馆学术编辑中心副主任李婷婷代表说，现代化的道路不止一条，中国式现代化为发展中国家提供了一条具有重要借鉴意义的道路，也为世界现代化进程贡献了具有中国特色的智慧和方案，更为我们走好中国特色社会主义道路坚定信念、增强信心。

坚持必由之路，用伟大奋斗创造新的历史伟业

世界百年未有之大变局加速演进，世界之变、时代之变、历史之变的特征更加明显。我国发展面临新的战略机遇、新的战略任务、新的战略阶段、新的战略要求、新的战略环境，需要应对的风险和挑战、需要解决的矛盾和问题比以往更加错综复杂。

习近平总书记在二十大报告中，对全面建成社会主义现代化强国两步走战略安排和未来5年的战略任务作了进一步部署。代表们纷纷表示，这些部署目标明晰、前景可期，对坚定不移走中国特色社会主义道路，更加充满自信。

广东新会美达锦纶有限公司首席工程师陈欣代表说，近年来，公司成功进入化纤纺织和新材料一体的高新技术领域，顺利打开国内国际市场。"未来5年是全面建设社会主义现代化国家开局起步的关键时期。紧紧抓住解决不平衡不充分的发展问题，对于企业来说，就是要坚持不懈抓技术创新，攻坚克难，不断提升核心竞争力。"

汽笛长鸣，位于重庆沙坪坝区的国际物流枢纽园区一片繁忙。2011年3月，第一列中欧班列从这里驶出；如今，每天有10余列中欧班列（重庆）和西部陆海新通道铁海联运班列等从这里出发，成为联通国际国内、稳定全球产业链供应链的重要力量。

"习近平总书记强调'五个必由之路'，指出中国特色社会主义是实现中华民族伟大复兴的必由之路。"重庆市沙坪坝区委书记唐小平代表说，我国发展进入战略机遇和风险挑战并存、不确定难预料因素增多的时期。关键是要坚定信心，踏踏实实办好每一件事情，以正确的战略策略应变局、育新机、开新局，依靠顽强斗争打开事业发展新天地、把握发展主动权。

准备经受风高浪急甚至惊涛骇浪的重大考验，必须增强忧患意识，坚持底线思维。习近平总书记在报告中明确了"坚持和加强党的全面领导""坚持中国特色社会主义道路""坚持以人民为中心的发展思想""坚持深化改革开放""坚持发扬斗争精神"的重大原则，在代表中引发热烈反响。

二十大代表刘源是长安汽车的一名技术工人，35年的职业生涯中，他自创了一套"看、听、析、查"维修"四步法"，曾多次带领团队破解进口设备疑难杂症、突破国外湿式离合器等技术封锁，见证了中国汽车工业的长足进步。

"在新能源和智能网联汽车领域，我们已经逐渐可以平视全球，背后的秘诀就是创新。但要从汽车大国迈向汽车强国、从制造大国迈向制造强国，我们还必须励志竭精、持之以恒搞创新，努力推动实现高水平科技自立自强，把中国发展进步的命运牢牢掌握在自己手中。"刘源代表说。

党用伟大奋斗创造了百年伟业，也一定能用新的伟大奋斗创造新的伟业，从胜利走向新的胜利。

参加过12次南极科考、3次北极科考的中国极地研究中心"雪龙2"号船长赵炎平代表，认真研读报告后心潮澎湃。

他说："从'雪龙'号到'雪龙2'号，'双龙探极'背后是我国科技创新能力的不断跃升。我们将增强需要科技创新的'活力'、不断前行的'毅力'、攻坚克难的'努力'、勇于攀登的'魄力'。以极地探索的热情和勇气，不断加大科研攻关力度，坚持发扬斗争精神，为推进中华民族伟大复兴攻坚克难、破冰前行！"

代表们表示,党的二十大报告进一步指明了党和国家事业的前进方向,是我们党团结带领全国各族人民在新时代新征程坚持和发展中国特色社会主义的政治宣言和行动纲领。在以习近平同志为核心的党中央领导下,坚定信心、奋勇前进,心往一处想、劲往一处使,就一定能够推动中华民族伟大复兴号巨轮乘风破浪、扬帆远航。

(新华社北京 2022 年 10 月 17 日电 新华社记者安蓓、施雨岑、叶昊鸣、何宗渝、于文静、白阳)

目 录
CONTENTS

谱写新时代中国特色社会主义更加绚丽的华章
　　——党的二十大代表讨论二十大报告综述 ············· I

第一章　坚持和发展中国特色社会主义的必由之路
——坚持党的全面领导

毫不动摇坚持党的全面领导
　　——一论深刻把握"五个必由之路"的重要认识 ············· 3
确保党始终成为坚强领导核心
　　——党的十八大以来毫不动摇坚持和加强党的全面领导述评 ············· 6
为中国人民谋幸福　为中华民族谋复兴
　　——党的十八大以来以习近平同志为核心的党中央治国理政纪实 ········· 12
建强战斗堡垒　夯实执政之基
　　——党的十九大以来党的基层组织建设工作综述 ············· 37

领航新时代新征程新辉煌的坚强领导集体
　　——党的新一届中央领导机构产生纪实 ………………………… 50

延伸阅读

深刻把握新时代十年的伟大变革 ……………………………………… 63

第二章　实现中华民族伟大复兴的必由之路
　　　　——中国特色社会主义

沿着中国特色社会主义道路实现伟大梦想
　　——二论深刻把握"五个必由之路"的重要认识 ……………… 69

人间正道　必由之路
　　——党的二十大代表谈坚定不移走中国特色社会主义道路 …… 71

真理之光照亮复兴之路
　　——从党的二十大看实现马克思主义中国化时代化新的飞跃 … 78

让当代中国马克思主义放射出更加灿烂的真理光芒
　　——"十个明确"彰显马克思主义中国化新飞跃 ……………… 89

牢牢把握过去5年工作和新时代10年伟大变革的重大意义 ……… 101

延伸阅读

钟华论：赓续中华文脉，光耀复兴之路 …………………………… 104

第三章　中国人民创造历史伟业的必由之路
　　　　——团结奋斗

在团结奋斗中创造历史伟业
　　——三论深刻把握"五个必由之路"的重要认识 …………… 113

为全面建设社会主义现代化国家而团结奋斗
　　——从党的二十大看以中国式现代化全面推进中华民族伟大复兴 …… 115
始终同人民同呼吸、共命运、心连心
　　——二十大代表讨论二十大报告综述 ………………………… 130
"广泛凝聚中华民族一切智慧和力量"
　　——以习近平同志为核心的党中央关心统一战线工作纪实 …… 135
铸牢各民族团结奋斗的思想基础 ……………………………………… 149

延伸阅读

"团结成'一块坚硬的钢铁'" ………………………………………… 151

第四章　新时代我国发展壮大的必由之路
——贯彻新发展理念

完整准确全面贯彻新发展理念
　　——四论深刻把握"五个必由之路"的重要认识 ……………… 155
迈向更加光明的发展前景
　　——党的十八大以来推进高质量发展述评 ……………………… 157
描绘美丽中国新画卷
　　——从"奋进新时代"主题成就展看新时代生态文明建设 …… 167
用好决定中国命运的"关键一招"
　　——党的十八大以来全面深化改革持续推进述评 ……………… 172
习近平提出，加快构建新发展格局，着力推动高质量发展 ………… 181

延伸阅读

党的二十大新闻中心举行第一场记者招待会　介绍贯彻新发展理念、
　　构建新发展格局、推动高质量发展有关情况 ………………… 183

第五章 党永葆生机活力、走好新的赶考之路的必由之路
——全面从严治党

全面从严治党永远在路上
　　——五论深刻把握"五个必由之路"的重要认识 …………… 191

开辟百年大党自我革命新境界
　　——党的十八大以来全面从严治党成就综述 ……………… 193

激荡清风正气　凝聚党心民心
　　——党的十八大以来深入推进党风廉政建设和反腐败斗争述评 ……… 198

咬定青山不放松
　　——党的十九大以来以习近平同志为核心的党中央贯彻执行中央八项规定、推进作风建设综述 ……………… 206

减负增效重实干　担当尽责开新篇
　　——党的十九大以来以习近平同志为核心的党中央整治形式主义为基层减负综述 ……………… 216

延伸阅读

以党的自我革命引领社会革命
　　——党的二十大代表谈坚持全面从严治党综述 …………… 224

附　录

用好有利条件　走好"必由之路"
　　——习近平总书记作出的"五个战略性有利条件"重大论断引领中国号巨轮行稳致远 ……………… 231

第一章

坚持和发展中国特色社会主义的必由之路
——坚持党的全面领导

毫不动摇坚持党的全面领导

——一论深刻把握"五个必由之路"的重要认识

全国两会期间，在参加十三届全国人大五次会议内蒙古代表团审议时，习近平总书记回顾新时代党和人民奋进历程，首次用"五个必由之路"系统阐明新时代更加坚定的重要认识，进一步深化了对共产党执政规律、社会主义建设规律、人类社会发展规律的认识，实现了习近平新时代中国特色社会主义思想又一次丰富和发展。"五个必由之路"的重要认识闪耀着马克思主义的真理光芒，体现了新时代中国共产党人坚定的历史自信、强烈的责任担当，为我们奋进新征程、再创新辉煌指明了方向。

办好中国的事情关键在党。"坚持党的全面领导是坚持和发展中国特色社会主义的必由之路"居于"五个必由之路"之首；党的十九届六中全会通过的党的第三个历史决议中，总结党百年奋斗的历史经验，第一条就是"坚持党的领导"。深刻把握"五个必由之路"的重要认识，首先就要深刻认识坚持党的全面领导的极端重要性，不断增强思想自觉和行动自觉。

中国共产党是领导我们事业的核心力量，中国最大的国情就是中国共产党的领导。一百年来，中国共产党矢志不渝为人民谋幸福、为民族谋复兴，团结带领亿万人民书写了中华民族几千年历史上最恢宏的史诗，中华民族迎来了从站起来、富起来到强起来的伟大飞跃。党的十八大以来，以习近平同志为核心的党中央立足新的历史方位，把握发展大势、引领时代潮流，团结带领全党全国各族人民在中华大地上全面建成小康社会、胜利实现第一个百年奋斗目标，又乘势而上开启全面建设社会主义现代化国家新征程。历史和现实都充分证明，没有中国共产党，就没有新中国，就没有中华民族伟大复兴。

当前，国际形势继续发生深刻复杂变化，百年变局和世纪疫情相互交织，经济全球化遭遇逆流，大国博弈日趋激烈，世界进入新的动荡变革期，国内改革发展稳定任务艰巨繁重。战胜风险挑战，实现既定目标，不断推进民族复兴伟大事业，更加需要铸牢党的领导这个党和国家事业不断发展的"定海神针"，为做好党和国家各项工作提供根本保证。中国共产党领导是中国特色社会主义最本质的特征，是中国特色社会主义制度的最大优势，是党和国家的根本所在、命脉所在，是全国各族人民的利益所系、命运所系。我们的全部事业都建立在党的全面领导基础之上，必须毫不动摇坚持党的全面领导，必须旗帜鲜明加强党的全面领导。

万山磅礴，必有主峰。坚持党的全面领导，最根本的就是坚决维护党中央权威和集中统一领导，不断增强"四个意识"、坚定"四个自信"、做到"两个维护"。党的十八大以来，习近平总书记以深厚人民情怀、卓越政治智慧、强烈使命担当，带领全党全国人民发扬伟大的历史主动精神，开创中国特色社会主义新时代，推动党和国家事业取得历史性成就、发生历史性变革。实践充分证明，党确立习近平同志党中央的核心、全党的核心地位，确立习近平新时代中国特色社会主义思想的指导地位，反映了全党全军全国各族人民共同心愿，对新时代党和国家事业发展、对推进中华民族伟大复兴历史进程具有决定性意义。只要坚定不移坚持党的全面领导、维护党中央权威和集中统一领导，我们就能够确保全党全国拥有团结奋斗的强大政治凝聚力、发展自信心，集聚起守正创新、共克时艰的强大力量，形成风雨来袭时全体人民最可靠的主心骨，面对任何惊涛骇浪都能做到"任凭风浪起，稳坐钓鱼船"。

东西南北中，党是领导一切的。坚持党的全面领导，要充分发挥党的领导政治优势，把党的领导落实到党和国家事业各领域各方面各环节，推动各项事业蓬勃发展。党的领导必须是全面的、系统的、整体的，必须体现到经济建设、政治建设、文化建设、社会建设、生态文明建设和国防军队、祖国统一、外交工作、党的建设等各方面，不断提高党科学执政、民主执政、依法执政水平，充分发挥党总揽全局、协调各方的领导核心作用，带领全国各族人民团结一致向前进，为全面建设社会主义现代化国家、夺取新时代中国特色社会主义新胜利、实现中华民族伟大复兴的中国梦不懈奋斗。

（新华社北京 2022 年 3 月 10 日电　新华社评论员）

确保党始终成为坚强领导核心

——党的十八大以来毫不动摇坚持和加强党的全面领导述评

党的第三个历史决议总结新时代党和国家事业取得的历史性成就、发生的历史性变革,其中"坚持党的全面领导"居于首位。

万山磅礴,必有主峰。

党的十八大以来,以习近平同志为核心的党中央旗帜鲜明坚持和加强党的全面领导,将其作为开创事业新局面的重中之重,为新时代党和国家事业发展提供根本保证。

"党的领导是党和国家事业不断发展的'定海神针'"

"没有中国共产党,就没有新中国,就没有中华民族伟大复兴。"

庆祝中国共产党成立100周年大会上,习近平总书记的话语响彻神州大地。那句诞生于战火纷飞年代的话语在新时代得到了新的扩展,成为亿万人民的一致共识。

"必须加强和改善党的领导,充分发挥党总揽全局、协调各方的领导核心作用"。2012年11月17日,刚刚当选中共中央总书记的习近平在主持十八届中央政治局第一次集体学习时,就对坚持党的领导提出明确要求。随后,总书记不断深化这一重大论述——

"中国最大的国情就是中国共产党的领导";

"党政军民学,东西南北中,党是领导一切的";

"中国共产党领导是中国特色社会主义最本质的特征，是中国特色社会主义制度的最大优势"；

"坚持党的全面领导是坚持和发展中国特色社会主义的必由之路"……

习近平总书记以一系列重要论述深刻阐述了坚持党的全面领导的极端重要性和科学内涵，为统一全党全国人民思想提供了理论指南。

党的十八大以来，从尽锐出战、打赢人类历史上规模最大的脱贫攻坚战，到践行大国之诺，如期举办北京冬奥会、冬残奥会；从不畏艰难，众志成城抗震灾、斗洪水，到举全党全国全社会之力抗击新冠肺炎疫情……事实雄辩证明，"中国共产党所具有的无比坚强的领导力，是风雨来袭时中国人民最可靠的主心骨"。

全党有核心，党中央才有权威，党才有力量。

2021年11月，党的十九届六中全会作出重大政治论断：

"党确立习近平同志党中央的核心、全党的核心地位，确立习近平新时代中国特色社会主义思想的指导地位，反映了全党全军全国各族人民共同心愿，对新时代党和国家事业发展、对推进中华民族伟大复兴历史进程具有决定性意义。"

"两个确立"是党在新时代取得的最重大的政治成果、最重要的历史经验，是实现新时代新征程各项目标任务的根本保证。

"加强党对一切工作的领导，这一要求不是空洞的、抽象的，要在各方面各环节落实和体现"

2022年7月13日，北京市中小学校党组织领导的校长负责制改革工作部署会举行，来自各区的教育工委书记、学校党委书记、校长们围绕建立中小学校党组织领导的校长负责制展开研讨，努力把改革各项政策措施落到实处，加强党对基础教育工作的全面领导。

这是近年来，党的领导落实到国家治理各领域各方面各环节的一个细节。

在国家制度和国家治理体系中，党是决定整个系统运行的关键。

2019年10月，党的十九届四中全会系统描绘了中国特色社会主义制度图谱，将党的领导制度明确为我国根本领导制度。会议同时强调要坚决维护党中央权威，健全总揽全局、协调各方的党的领导制度体系。

严格执行向党中央请示报告制度。中央书记处和中央纪律检查委员会、全国人大常委会党组、国务院党组、全国政协党组、最高人民法院党组、最高人民检察院党组每年向中央政治局常委会、中央政治局报告工作；中央政治局委员、书记处书记，全国人大常委会、国务院、全国政协党组成员，最高人民法院、最高人民检察院党组书记每年向党中央和习近平总书记书面述职；

强化党中央决策议事协调机构职能作用。成立中央全面深化改革委员会、中央国家安全委员会、中央网络安全和信息化委员会、中央财经委员会、中央全面依法治国委员会等；

深化党和国家机构改革。从机构职能上把加强党的领导落实到各个领域、各个方面、各个环节；

强化基层党组织地位作用。规定国有企业党委（党组）发挥领导作用，在高等学校实行党委领导下的校长负责制，在公立中小学、医院、科研院所逐步实行党组织领导下的校（院、所）长负责制；

……

"党中央是坐镇中军帐的'帅'，车马炮各展其长，一盘棋大局分明。"横向到边、纵向到底，坚持党的全面领导制度体系更加成熟、更加定型，为推进新时代中国特色社会主义各项事业提供坚强保证。

制度体系不断完善，领导方式更加科学。

2022年7月25日，北京中南海。

中共中央召开党外人士座谈会，就当前经济形势和下半年经济工作听取各民主党派中央、全国工商联负责人和无党派人士代表的意见和建议。

习近平总书记充分肯定相关意见建议有很强的针对性和建设性，表示"我们将认真研究、积极吸纳"。

在"十四五"规划建议等重大政策文件出台前，召开多场专题座谈会，听取方方面面声音；就党的二十大相关工作开展网络征求意见活动……

党的领导方式和执政方式不断完善，党的政治领导力、思想引领力、群众组织力、社会号召力显著增强，党把方向、谋大局、定政策、促改革的能力和定力明显提高，党的领导更加适应实践、时代、人民的要求。

"在党的旗帜下团结成'一块坚硬的钢铁'，步调一致向前进"

走过"千山万水"，仍需"跋山涉水"。

今天，中国比历史上任何时期都更接近、更有信心和能力实现中华民族伟大复兴的目标。越是接近目标，越是形势复杂，越是任务艰巨，越要以坚持党的全面领导汇聚各方智慧和力量。

这是更为坚实的思想基础——

2022年盛夏，山西太原市迎泽区委党校迎泽街道分校教室里，数十名街道、社区干部围绕最新出版的《习近平谈治国理政》第四卷展开学习。

作为集中展现马克思主义中国化时代化最新成果的权威著作，《习近平谈治国理政》已成为广大党员干部群众的案头卷、必读书。

各类深入浅出的理论读物纷纷涌现，各类鲜活生动的宣讲活动如火如荼，以百姓视角、百姓话语、百姓情怀推动理论与社会"零距离""面对面",党的创新理论走到群众身边,走进百姓心间……

理论创新每前进一步,理论武装就要跟进一步。

广大党员干部群众自觉运用习近平新时代中国特色社会主义思想的世界观和方法论指导实践,将学习成效转化为新征程上的工作实效。

这是更为团结的政治力量——

"不善于从政治上观察和处理问题""学习和贯彻落实间的'温差'仍然存在"……建党百年之际,一场场党史学习教育专题民主生活会动真碰硬、辣味十足,让不少党员干部红了脸、出了汗。

党的团结统一首先是政治上的团结统一,坚持党的全面领导必须以政治建设为统领。

严肃党内政治生活,广大党员干部在党内生活的"大熔炉"中百炼成钢;强化政治监督,深化政治巡视,旗帜鲜明整治"七个有之",坚决清除对党阳奉阴违的两面人,确保党的先进性纯洁性。

广大党员干部不断提高政治判断力、政治领悟力、政治执行力,胸怀"国之大者",对党忠诚、听党指挥、为党尽责。

这是更为一致的行动担当——

实现碳达峰、碳中和,是以习近平同志为核心的党中央统筹国内国际两个大局作出的重大战略决策。为实现这一目标,从政策体系的顶层设计,到各地各部门的积极贯彻落实,一场广泛而深刻的变革正在全国上下蹄疾步稳推进。

如此强大的国家能力离不开我们党强大的领导力、组织力、执行力。

贯彻"共抓大保护、不搞大开发"理念,母亲河长江焕发新的生机;按照"建设雄安新区是千年大计"要求,"未来之城"壮美画卷徐徐展开;落实"逐步探索、稳步推进中国特色自由贸易港建设"部署,海南自贸港奋楫扬帆。

各地各部门心往一处想,劲往一处使,以实际行动把党的大政方针和党中央决策部署落实到位。

在以习近平同志为核心的党中央坚强领导下，毫不动摇坚持和加强党的全面领导，亿万人民团结一心、踔厉奋进，在全面建设社会主义现代化国家新征程上谱写更加光辉的篇章。

（新华社北京 2022 年 9 月 4 日电　新华社记者高蕾、张研、董博婷）

为中国人民谋幸福　为中华民族谋复兴

——党的十八大以来以习近平同志为核心的党中央治国理政纪实

人类的梦想有多么伟大，历史的进程就有多么壮阔。

中国共产党一经诞生，就把为中国人民谋幸福、为中华民族谋复兴确立为自己的初心和使命。在这场百年奋进的接力前行中，以习近平同志为主要代表的新时代中国共产党人领导亿万中华儿女书写下恢宏史诗——

新时代的10年，中华大地上全面建成小康社会，第一个百年奋斗目标如期实现，中国人民正意气风发迈向全面建成社会主义现代化强国的第二个百年奋斗目标。

新时代的10年，中华民族迎来了从站起来、富起来到强起来的伟大飞跃，实现中华民族伟大复兴进入了不可逆转的历史进程，中国为推动人类和平发展事业作出重大贡献。

今日之中国，江山壮丽、人民豪迈、前程远大。

"推进伟大事业，必须坚持中国共产党领导，把党锻造得更加坚强有力"——旗帜鲜明坚持和加强党的全面领导，以前所未有的勇气和定力推进全面从严治党，开辟了管党治党兴党强党新境界

2022年2月6日，人民大会堂东大厅，习近平总书记同到访的阿根廷总统会见。

会见结束，陪同的阿根廷驻华大使牛望道上前一步，用中文一字一顿对习近平总书记说："没有共产党，就没有新中国！"

这句中国人耳熟能详的话，在新时代又有了新的扩展："没有中国共产党，就没有新中国，就没有中华民族伟大复兴。"

办好中国的事情，关键在党。

坚持和加强党的全面领导，坚持和加强党中央集中统一领导，这是党的十八大以来取得的最重要成就之一，也是党和国家事业取得历史性成就、发生历史性变革的坚强政治保证。

2022年1月6日，中南海怀仁堂，一个重要会议开了整整一天。

习近平总书记主持中央政治局常委会会议，听取全国人大常委会、国务院、全国政协、最高人民法院、最高人民检察院党组工作汇报，听取中央书记处工作报告。

自2015年起，这样的会议，每年年初都要进行。

"'治国犹如栽树，本根不摇则枝叶茂荣。'我们治国理政的本根，就是中国共产党的领导和我国社会主义制度。"习近平总书记深刻指出。

旗帜鲜明，强调"党政军民学，东西南北中，党是领导一切的"，将中国共产党领导这一"中国特色社会主义最本质的特征"载入党章和宪法；

立柱架梁，在党中央组建和优化一系列决策议事协调机构，全面加强对治国理政工作的集中统一领导；

建章立制，将党的领导融入意识形态工作、国有企业治理、高校领导体制、群团组织建设……

通过一系列创制性举措，横向到边、纵向到底的党的领导制度体系更加成熟定型，党中央真正成为坐镇中军帐的"帅"，车马炮各展其长，一盘棋大局分明，全党上下"如身使臂，如臂使指，叱咤变化，无有留难"。

在中国共产党历史展览馆里，抗疫专题展区引人关注。展区顶部，挂着一面面写着"党员突击队"的鲜红旗帜，诠释着打赢武汉保卫战的核心密码。

人们难以忘记：在这场没有硝烟的战争中，那罕见于大年初一召开的中央政治局常委会会议，那中央一声令下、三军星夜齐发、举国八方支援的动人场面，那直接开到县团级以上干部的17万人部署会，那10多天就拔地而起的火神山医院、雷神山医院……

淬火成钢，党旗高扬。

全党上下总动员，数百万党员干部奔赴脱贫攻坚主战场；践行大国承诺，如期安全圆满举办一届载入史册的冬奥盛会；无惧外部压力遏制，拿出"杀手锏"举措、攻克"卡脖子"难关……

今天，一个共识更加强烈：中国能，关键在于中国共产党能！中国共产党所具有的无比坚强领导力，是中国人民最可靠的主心骨！

2013年7月11日下午，河北西柏坡，细雨蒙蒙。

在党的群众路线教育实践活动中，习近平总书记来到这里。一间土坯房里，面对面围坐一块，总书记听取基层干部群众对反"四风"的意见建议。

"百姓生活在逐渐提高，为什么感觉和我们的距离反而有点远了？"有同志直言困惑。

听了大家的发言，习近平总书记谈及历史周期率的问题，面色凝重、意味深长："60多年过去了……党面临的'赶考'远未结束。"

曾经一段时期，不正之风和腐败问题相互交织，"四大考验"严峻复杂，"四种危险"尖锐深刻，我们党面临改革开放以来前所未有的挑战。

常怀远虑，居安思危。建设什么样的长期执政的马克思主义政党、怎样建设长期执政的马克思主义政党这一重大时代课题，始终萦绕在习近平总书记心头。

"打铁必须自身硬。"习近平总书记发出了振聋发聩的警示。

秉持"赶考"的清醒和坚定，中国共产党以全面从严治党的关键抉择，开启了浴火重塑的壮阔历程——

以政治建设引领全党团结统一，从中央八项规定切入激荡清风正气，刮骨疗毒夺取反腐败斗争压倒性胜利，坚持思想建党和制度治党同向发力，接续开展5次党内集中教育，形成比较完善的党内法规体系，完善党和国家监督体系，构建起一套行之有效的权力监督制度和执纪执法体系……

"打虎"无禁区。党的十八大以来，已有超过500名中管干部被立案审查调查。

"拍蝇"不手软。党的十九大以来，截至今年4月，全国共查处民生领域腐败和作风问题49.6万个，给予党纪政务处分45.6万人。

"猎狐"不止步。党的十九大以来，"天网行动"共追回外逃人员6900人，追回赃款327.86亿元，"百名红通人员"已有61人归案。

十年磨一剑。全面从严治党取得了历史性、开创性成就，产生了全方位、深层次影响，党经受深刻洗礼锻造而更加坚强，焕发出新的强大生机活力。

"我们党历史这么长、规模这么大、执政这么久，如何跳出治乱兴衰的历史周期率？"

2021年11月，在党的十九届六中全会上，习近平总书记作出响亮回答——

"毛泽东同志在延安的窑洞里给出了第一个答案，这就是'只有让人民来监督政府，政府才不敢松懈'。经过百年奋斗特别是党的十八大以来新的实践，我们党又给出了第二个答案，这就是自我革命。"

胸怀千秋伟业，恰是百年风华。

新时代中国共产党人通过自我革命，赢得了保持同人民群众的血肉联系、人民衷心拥护的历史主动，赢得了全党高度团结统一、走在时代前列、带领人民实现中华民族伟大复兴的历史主动。

"江山就是人民、人民就是江山，打江山、守江山，守的是人民的心"——坚持以人民为中心的发展思想，人民生活全方位改善，人民群众的获得感、幸福感、安全感不断增强

"人民对美好生活的向往，就是我们的奋斗目标。"2012年11月15日，履新伊始的习近平总书记，发出新时代中国共产党人的铮铮誓言。

治国有常，而利民为本。

跨入新时代新征程的中国，向着全面小康加速进发，必须跨越横亘于前的一系列重大挑战：

社会主要矛盾历史性转化，"人民日益增长的美好生活需要"，是衡量发展、评判工作的新标尺。

"不平衡不充分的发展"背后，有近1亿人生活在贫困线以下。这一群体若参与各国人口排名，能排进世界前20位，超过英法德等国家。

"我们不能一边宣布实现了全面建成小康社会目标，另一边还有几千万人口生活在扶贫标准线以下。"习近平总书记的话重若千钧。

岁月奔涌，从黄土地走来，从大队党支部书记到党和国家最高领导人，习近平总书记深谙国情，深深懂得人民的心。

"小康不小康，关键看老乡。"掷地有声的话里，是炽热的赤子之心，是行程万里的执着坚定。

2013年11月，湖南湘西花垣县，十八洞村。

"我是人民的勤务员。"拉着村民石拔三老人的手，习近平总书记的话直抵人心。

对人民最深的爱，化为最重的誓言、最硬的举措，打响一场人类历史上规模最大、力度最强的反贫困之战。

"五级书记同框"的照片刷屏了！

2020年4月，陕西平利县一处茶园，春雨初歇。习近平总书记沿着泥泞小路，向正在劳作的茶农们走来。在他身旁，是省、市、县、村级书记。

这是前所未有的组织动员：全国一盘棋，22个省区市向党中央立下"军令状"，25.5万个驻村工作队、300多万名第一书记和驻村干部冲锋一线。

这是斩钉截铁的意志："决不能落下一个贫困地区、一个贫困群众。"

这是真情流露的挂念："我最牵挂的还是困难群众……"

这是疫情冲击关键时刻的坚毅："党中央向全国人民作出的郑重承诺，必须如期实现，没有任何退路和弹性。"

天寒地冻的太行山深处，顶风冒雪看真贫；"瘠苦甲于天下"的甘肃中部，绕过九曲十八弯进农家……习近平总书记走遍14个集中连片特困地区，50多次考察调研扶贫工作，以不停歇的脚步丈量着贫困角落。

一诺千金，不胜不还。

向深度贫困宣战！1997年，2008年，2016年，2020年，习近平四次踏访宁夏，亲自谋划推动闽宁协作，"山海情"隽永绵延，千千万万贫困家庭"挪穷窝""换穷业""拔穷根"，命运得以改变。

阻断贫困代际传递！无论是在地方考察，还是在中央会议上，习近平总书记着重强调"扶贫先扶智，要更加注重教育脱贫""不要让孩子输在起跑线上"。

人民至上，初心不改。

对此，安徽金寨大湾村的陈泽申感同身受。每每回想起2016年4月习近平总书记前来看望自己的场景，他总是倍感温暖。如今，他家已摘掉"贫困帽"，孙子大学毕业留在合肥工作，"孩子专门带我去大城市开眼界"。

对此，河北张北德胜村的徐海成共鸣强烈。5年多前，在他家里，总书记同村民们一起算柴米油盐、商脱贫大计。现在他家已是种植大户，脱贫翻身，喜迁新居，"盼着总书记再到我家坐坐，我会给他念念新账本，晒晒成绩单"。

上下同欲者胜，以上率下者强！

彪炳史册的人间奇迹，辉映伟大的奋斗征程——

2021年2月25日，全国脱贫攻坚总结表彰大会上，习近平总书记庄严宣告，"我国脱贫攻坚战取得了全面胜利，现行标准下9899万农村贫困人口全部脱贫，832个贫困县全部摘帽，12.8万个贫困村全部出列"。

中华民族历史性告别绝对贫困，千年梦想今朝梦圆。

2021年7月1日，庆祝中国共产党成立100周年大会上，习近平总书记豪迈宣示，"经过全党全国各族人民持续奋斗，我们实现了第一个百年奋斗目标，在中华大地上全面建成了小康社会，历史性地解决了绝对贫困问题"。

"民亦劳止，汔可小康"的千古吟唱，穿越历史照进现实；全面小康的历史丰碑，矗立在新时代复兴之路上。

以人民为中心，出发点和落脚点都是人民幸福。

"有更好的教育、更稳定的工作、更满意的收入、更可靠的社会保障、更高水平的医疗卫生服务、更舒适的居住条件、更优美的环境……"习近平总书记深知人民的期盼。

10年来，累计实现城镇新增就业1.3亿人，基本医疗保险覆盖13.6亿人，基本养老保险覆盖超10亿人，人均预期寿命从74.8岁增长到78.2岁，一组组数字背后，无数笑颜绽放。

"厕所革命"、垃圾分类、清洁取暖、食品安全监管……一桩桩民生"小事"，一次次成为改革聚焦的"大计"。涓滴汇流，让人民生活的幸福成色更足、更暖。

聚焦"美好生活需要"，人民对民主、法治、公平、正义、安全、环境等方面要求日益增长。

"努力让人民群众在每一个司法案件中感受到公平正义。"

遵循习近平总书记重要指示，司法体制改革直击靶心，一批冤错案依法纠正，执法司法公信力不断提升，让公平正义的阳光照进人民心田。

人心向背定义"最大的政治"，一段对话更显意味深长：

2021年春天，广西桂林毛竹山村。习近平总书记来到村民王德利家做客。

"总书记，您平时这么忙，还来看我们，真的感谢您。"

"我忙就是忙这些事，'国之大者'就是人民的幸福生活。"

殷殷初心如磐，时代答卷常新。

"我将无我，不负人民。"10年夙夜在公，真切炽热的人民情怀，凝成质朴无华、赤忱无比的告白——

"我们的目标很宏伟，但也很朴素，归根结底就是让全体中国人都过上更好的日子。"

"制度优势是一个国家的最大优势，制度竞争是国家间最根本的竞争"——着眼国家治理体系和治理能力现代化，推动全面深化改革纵深发展，中国特色社会主义制度更加成熟定型

在中国特色社会主义波澜壮阔的历史进程中，有两次"三中全会"注定是划时代的——

党的十一届三中全会开启了改革开放和社会主义现代化建设历史新时期。

党的十八届三中全会开启了全面深化改革、系统整体设计推进改革的新时代，开创了我国改革开放的全新局面。

2013年11月12日，人民大会堂。

习近平总书记亲自主持起草的《中共中央关于全面深化改革若干重大问题的决定》获得通过，全场掌声如潮。

全面深化改革，总目标指向"完善和发展中国特色社会主义制度，推进国家治理体系和治理能力现代化"，彰显着新一代中国共产党人的制度自觉。

由此起笔，以习近平同志为核心的党中央绘就"中国之治"的宏伟蓝图——

党的十八届四中全会部署全面依法治国，同全面深化改革如鸟之两翼、车之两轮，破立结合、相得益彰；党的十九届四中全会作出13方面制度安排，系统描绘中国特色社会主义制度图谱。

从广东深圳到安徽小岗，从海南洋浦到上海浦东……习近平总书记倡导改革精神。

在新年贺词中号召"将改革进行到底"，把集体学习课堂搬到中关村，带头起立向"改革先锋"鼓掌致敬……习近平总书记亲自领导改革、亲自推动改革。

2018年3月28日下午，中南海。

习近平总书记以中央全面深化改革委员会主任的身份主持召开中央全面深化改革委员会第一次会议。

会上，总书记从改革方法论的高度强调了党对全面深化改革统筹领导的重要性，并同大家一道逐一审议《关于深入推进审批服务便民化的指导意见》等10余份具体改革方案。

党的十八大以来，像这样的会议，习近平总书记主持召开了60多次，推动全面深化改革向纵深挺进，构建起制度建设的"四梁八柱"。

从党的建设，到经济、政治、文化、社会、生态文明……各领域全面深化改革大潮涌起，党的十八届三中全会提出的改革目标任务总体如期完成，各方面共推出2000多个改革方案。

经过几十年，容易的、皆大欢喜的改革已经完成了，剩下的都是难啃的硬骨头。

2018年2月，党的十九届三中全会审议通过深化党和国家机构改革的决定和方案。

党的机构罕见地纳入改革范畴；仅中央和国家机关层面，就有21

个部级机构、58名班子正副职数被核减；一个国地税合并，精简近一半司局级机构……

当时看到这份改革方案，一位省委书记感叹："力度之大超出预料，有些过去有共识但没做成，有些过去想到了但做不成。"

明知山有虎，偏向虎山行。

早在启动之初，习近平总书记就定下了基调："深化党和国家机构改革是要动奶酪的、是要触动利益的、也是真刀真枪的，是需要拿出自我革新的勇气和胸怀的。"

改革是一场革命，改的是体制机制，动的是既得利益。

深化农村土地制度改革，打破阻碍民营经济发展的各类"卷帘门""玻璃门""旋转门"，力克群团"机关化、行政化、贵族化、娱乐化"……全面深化改革坚持问题导向，以重点突破带动整体推进。

一个国家制度和国家治理体系管不管用、有没有效，实践是最好的试金石，老百姓的体会最真切。

户籍制度改革破冰前行，脱胎于计划经济年代那堵"无形的墙"轰然倒地；100多万河长上岗，千万条江河从"没人管"到"有人管"、从"管不住"到"管得好"；纠偏公立医院"以药养医"，破解群众看病难、看病贵；发展全过程人民民主，让民意民智广泛纳入决策程序，更好实现人民当家作主……

冲破思想观念的束缚，突破利益固化的藩篱，10年来，许多领域实现历史性变革、系统性重塑、整体性重构，党和国家事业焕发出新的生机活力。

洞察时与势，统筹破与立，融通制与治。

"凡属重大改革都要于法有据。"这是习近平总书记的明确要求。

法律是治国理政最大最重要的规矩。

以习近平同志为核心的党中央坚持全面依法治国，对科学立法、严格执法、公正司法、全民守法作出顶层设计和重大部署。在习近平法治思想引领下，法治中国建设迈出坚实步伐，党运用法治方式领导和治理国家的能力显著增强，推动实现国家治理的深刻革命。

10年来，我们党统筹推进"五位一体"总体布局、协调推进"四个全面"战略布局，中国特色社会主义制度更加成熟更加定型，国家治理体系和治理能力现代化水平不断提高，为党和国家兴旺发达、长治久安打下了坚实的制度基础。

"必须把发展质量问题摆在更为突出的位置，着力提升发展质量和效益" ——立足新发展阶段、贯彻新发展理念、构建新发展格局，坚定不移推动高质量发展，为中华民族伟大复兴奠定更为坚实的物质基础

2022年9月27日，"奋进新时代"主题成就展在北京展览馆开幕。中央综合展区，一艘"奇迹号"中国巨轮模型吸引了参观者的目光。

一叶叶"风帆"上鲜明的数字，标示出新时代10年中国经济"量"的跨越，更彰显"质"的提升：

国内生产总值从53.9万亿元上升到114.4万亿元，基础研究经费从499亿元增加到1817亿元，长征系列运载火箭实施发射240余次……

党的十八大以来，以习近平同志为核心的党中央，把握从"有没有"转向"好不好"的发展主动，领航中国经济巨轮驶入高质量发展新航道，推动经济发展质量变革、效率变革、动力变革。

指针拨回2012年。

经济增速下滑、环境污染频发、粗放发展难以为继……面对"发展起来以后的问题"，习近平总书记进行了充分调研和深邃思考。

总书记强调："我们党领导人民治国理政，很重要的一个方面就是要回答好实现什么样的发展、怎样实现发展这个重大问题。"

2012年12月，党的十八大后首次离京考察，习近平总书记来到广东，在广州主持召开了一场经济工作座谈会。

会上，来自广东的省市区镇各级干部代表和部分企业家纷纷发言，总书记一边认真听，一边仔细记，不时插话交流。

习近平总书记深刻指出："面对错综复杂、快速变化的形势，我们要保持清醒头脑""加快推进经济结构战略性调整是大势所趋，刻不容缓"。

回京后不到一周，习近平总书记出席中央经济工作会议，强调"不能不顾客观条件、违背规律盲目追求高速度"。

2013年7月，在中央政治局常委会会议上指出我国经济处于"三期叠加"时期；同年12月，在中央经济工作会议上提出"新常态"；2015年11月，在中央财经领导小组会议上部署供给侧结构性改革；2017年10月，在党的十九大上作出"我国经济已由高速增长阶段转向高质量发展阶段"重大判断；2020年4月，在中央财经委会议上提出构建新发展格局……

敏锐把握发展之变，总书记提出一系列新理念新思想新战略，在实践中形成了习近平经济思想，系统回答了新时代中国经济"怎么看""怎么干"等重大理论和实践问题。

理念是行动的先导。习近平经济思想中，新发展理念是最重要、最主要的。

2015年，"十二五"收官。主持起草"十三五"规划建议，习近平总书记一开始就提出，"首先要把应该坚持什么样的发展理念搞清楚"。

创新、协调、绿色、开放、共享的新发展理念在党的十八届五中全会上首次提出，全面开启了关系我国发展全局的深刻变革。

新发展理念中，创新居于首位。

习近平总书记深刻指出，创新能力不强，是"我国这个经济大个头的'阿喀琉斯之踵'"。

2014年5月23日，总书记在中国商飞公司考察时，曾登上C919大型客机展示样机，指出"把大飞机搞上去，起带动作用、标志性作用"。

2022年9月，C919大型客机取得型号合格证，将于年底交付首架飞机。总书记指出："要有雄心壮志，世界科技巅峰我们都要奋勇攀登"。

北斗组网、嫦娥探月、天问探火……10年来，我国重大创新成果竞相涌现，科技创新能力不断增强，在全球创新指数排名中一路跃升至2022年的第11位。

2016年伊始，一场深刻体现发展理念变革的座谈会在重庆召开。

"今天可能要让你们失望了，这次讨论的不是发展问题，而是保护的问题。"推动长江经济带发展座谈会上，习近平总书记开门见山。许多参会人员感觉"好像是泼了一盆冷水"。

2016年以来，习近平总书记前往长江上、中、下游调研，四次主持召开座谈会，深刻阐释长江经济带"共抓大保护、不搞大开发"的辩证关系和战略考量。

将生态文明建设纳入"五位一体"总体布局，把"绿水青山就是金山银山"写入党的十九大报告和党章，用最严格制度最严密法治保护生态环境……以习近平生态文明思想为指引，美丽中国建设迈出重大步伐。

创新成为第一动力，协调成为内生特点，绿色成为普遍形态，开放成为必由之路，共享成为根本目的，新发展理念引领中国经济迈上高质量发展的宽阔大道。

在推动高质量发展上闯出新路子，在构建新发展格局中展现新作为。

2022年7月12日，乌鲁木齐国际陆港区。习近平总书记站在一张巨大的地图前，久久凝视。

曾几何时，新疆是"路到头、人到头、水到头、电到头、田到头"的边境之地。如今，"钢铁驼队"中欧班列沿着昔日张骞凿空之路，将西北边陲变成开放前沿。

此次考察，习近平总书记进一步提出："更好利用国际国内两个市场、两种资源，积极服务和融入新发展格局。"

构建以国内大循环为主体、国内国际双循环相互促进的新发展格局，是习近平总书记亲自谋划、把握未来发展主动权的战略性布局和先手棋。

加快建设全国统一大市场，构建现代化基础设施体系；设立雄安新区，打造京津冀、长三角、粤港澳大湾区三大高质量发展"动力源"，擘画长江经济带发展、黄河流域生态保护和高质量发展"江河战略"……

黄河落天走东海，万里写入胸怀间。

一个个关键处落子、彼此连接成势，推动形成优势互补高质量发展的经济布局，为中华民族伟大复兴开辟广阔空间。

"时与势在我们一边"！习近平总书记作出这一重要论断，展现出我们迈入新发展阶段的定力和底气、决心和信心。

"当高楼大厦在我国大地上遍地林立时，中华民族精神的大厦也应该巍然耸立"——意识形态领域形势发生全局性、根本性转变，全党全国各族人民文化自信明显增强，焕发出更为主动的精神力量

"我以为，实现中华民族伟大复兴，就是中华民族近代以来最伟大的梦想。"

10年前，习近平总书记在国家博物馆参观《复兴之路》展览时深情有力的话语，激发出亿万中华儿女逐梦奋斗的壮志豪情。

人民有信仰，民族有希望，国家有力量。

擘画民族复兴的伟业宏图，习近平总书记思虑深远："没有先进文化的积极引领，没有人民精神世界的极大丰富，没有民族精神力量的不断增强，一个国家、一个民族不可能屹立于世界民族之林。"

2019年金秋，党的十九届四中全会上，"坚持马克思主义在意识形态领域指导地位的根本制度"写入全会决定。

为国家立心、为民族立魂。

站在党和国家事业发展全局高度，习近平总书记把"建设具有强大凝聚力和引领力的社会主义意识形态"作为新时代坚持和发展中国特色社会主义的重大命题：

两次出席全国宣传思想工作会议，把意识形态工作视为"党的一项极端重要的工作"；在延安文艺座谈会召开72年后再次召开文艺工作座谈会，强调文艺工作者要"认识自己所担负的历史使命和责任"；主持召开党的新闻舆论工作座谈会，要求"把政治方向摆在第一位"……

10年来，习近平总书记就意识形态领域一系列根本性问题阐明原则立场，廓清理论是非，校正工作导向，为中华民族精神大厦夯实思想根基。

2022年9月30日上午，天安门广场庄严肃穆，人民英雄纪念碑巍然矗立。

肃立默哀、敬献花篮、整理绶带、缓步瞻仰……自设立烈士纪念日以来，每年这一天，习近平总书记都会出席向人民英雄敬献花篮仪式，无声的缅怀传递无穷的力量，风雨无阻、气壮山河。

天地英雄气，千秋尚凛然。

习近平总书记高度重视从英雄模范身上汲取砥砺奋进的精神力量，指出"一个有希望的民族不能没有英雄，一个有前途的国家不能没有先锋"。

首次阐释"坚持真理、坚守理想，践行初心、担当使命，不怕牺牲、英勇斗争，对党忠诚、不负人民"的伟大建党精神，系统概括中国共产党人的精神谱系……习近平总书记一系列原创性论述，点亮精神的天空。

为功勋模范颁发奖章，发挥典型引路作用；为老道德模范让座，躬身示范尊老敬老的传统美德；走进菁菁校园，叮嘱青少年"扣好人生第一粒扣子"……习近平总书记亲力亲为，带领全党全国人民厚植新时代中国文明沃土。

求木之长者，必固其根本；欲流之远者，必浚其泉源。

金秋时节，一项重大文化工程的最新进展吸引国人目光：以中华民族伟大复兴为主题、以思想史为基本线索的《复兴文库》出版发行。

"修史立典，存史启智，以文化人，这是中华民族延续几千年的一个传统。"习近平总书记亲自为丛书作序，发出"坚定历史自信、把握时代大势、走好中国道路"的时代强音。

泱泱中华，历史悠久，文明博大。习近平总书记深刻指出："中华民族在几千年历史中创造和延续的中华优秀传统文化，是中华民族的根和魂。"

朱熹园中，感慨"如果没有中华五千年文明，哪里有什么中国特色？如果不是中国特色，哪有我们今天这么成功的中国特色社会主义道路？"；三苏祠里，强调"要善于从中华优秀传统文化中汲取治国理政的理念和思维"；莫高窟下，指出"只有充满自信的文明，才会在保持自己民族特色的同时包容、借鉴、吸收各种不同文明"……

党的十八大以来，习近平总书记鲜明提出坚定文化自信并将其纳入中国特色社会主义"四个自信"，坚持把马克思主义基本原理同中国具体实际相结合、同中华优秀传统文化相结合，推动中华优秀传统文化创造性转化、创新性发展。

放眼新时代中华大地，收藏在博物馆里的文物、陈列在广阔大地上的遗产、书写在古籍里的文字日益走进人民群众心中，中华优秀传统文化跨越时空、历久弥新，在赓续传承中焕发出蓬勃的生机活力。

"70后、80后、90后、00后，他们走出去看世界之前，中国已经可以平视这个世界了"……

2021年3月，习近平总书记在看望参加全国政协会议的医药卫生界、教育界委员时的这番话，拨动着无数国人的心弦，更是新时代以来中华儿女昂扬精神的生动写照。

历史之河奔腾向前，复兴气象壮阔恢宏。中国人民志气高昂、骨气坚定、底气充足，正以更加主动的精神力量，向着民族复兴的伟大目标勇毅前行。

"以'踏平坎坷成大道，斗罢艰险又出发'的顽强意志，应对好每一场重大风险挑战"——坚持底线思维和忧患意识，坚定信心、迎难而上，确保党和国家事业风雨无阻向前进

2022年8月16日，初秋时节。习近平总书记再赴东北考察，第一站走进位于锦州市的辽沈战役纪念馆。

纪念馆内，一封封决胜千里的电文，一张张弥漫硝烟的照片……再现着70多年前解放战争"大决战"的震撼场景。

"辽沈战役，这一战是决定命运的。攻克锦州，我们在这里进行了多么激烈英勇的战斗啊！"回望波澜壮阔的历史，习近平总书记深有感慨。

伟大的胜利，总要经过生死攸关的考验；伟大的事业，往往在千难万险中成就。

10年前，在主持起草党的十八大报告时，习近平同志就明确主张写入一个重大论断："必须准备进行具有许多新的历史特点的伟大斗争。"

党的十八大以来，我国发展进入各种风险挑战不断积累甚至集中显露的时期，我们遭遇的风险挑战风高浪急，有时甚至是惊涛骇浪，各种风险挑战接踵而至，其复杂性严峻性前所未有。

以习近平同志为核心的党中央发扬伟大历史主动精神，以顽强的意志品质和高超的政治智慧，带领全党全国各族人民坚定信心、迎难而上，一仗接着一仗打，战胜各种可以预见和难以预见的风险挑战，确保中华民族伟大复兴历史进程不被迟滞甚至打断。

2020年，岁在庚子，一场世纪疫情来势汹汹。

这是新中国成立以来我国遭遇的传播速度最快、感染范围最广、防控难度最大的重大突发公共卫生事件。

武汉告急、湖北告急、全国形势严峻。在泰山压顶的危急时刻，习近平总书记坚定沉着、勇毅担当、科学应对：果断作出关闭离汉离鄂通道关键决策，号令举全国之力实施规模空前的生命大救援，指挥党政军民学、东西南北中抗疫大会战，统筹疫情防控和经济社会发展工作……

坚持"人民至上、生命至上"，从刚出生的婴儿到百岁老人，每一个生命都得到全力呵护，最大限度保护人民生命安全和身体健康；坚持"疫情要防住、经济要稳住、发展要安全"，统筹经济发展和疫情防控取得世界上最好的成果。

备豫不虞，为国常道。

2018年1月，在学习贯彻党的十九大精神专题研讨班开班式上，面对党内"关键少数"，习近平总书记一口气列举了8个方面16个具体风险，其中就告诫全党"像非典那样的重大传染性疾病，也要时刻保持警惕、严密防范"。

2019年1月，中央党校省部班再次聚焦"坚持底线思维着力防范化解重大风险"这一主题，习近平总书记就防范化解政治、意识形态、经济、科技、社会、外部环境、党的建设等领域重大风险进一步作出深刻分析、提出明确要求。

"统筹发展和安全，增强忧患意识，做到居安思危，是我们党治国理政的一个重大原则。"

习近平总书记以深刻的忧患意识和深远的战略眼光，创造性提出总体国家安全观，将安全贯穿到党和国家工作各方面、全过程。

2021年，习近平总书记在地方考察调研期间，两次"临时停车"让人印象深刻——

5月在河南南阳，下车走进一处麦田察看小麦长势；9月在陕西榆林，到田间察看谷子、糜子、玉米长势。

仓廪实，天下安。

"看看世界上真正强大的国家、没有软肋的国家，都有能力解决自己的吃饭问题。"习近平总书记始终把粮食安全作为治国理政的头等大事。

从抓粮食安全到抓能源安全,从确保产业链供应链稳定到防范化解重大金融风险,始终坚持下先手棋、打主动仗,办好发展和安全两件大事,推动实现高质量发展和高水平安全的良性互动。

风云变幻中,保持"乱云飞渡仍从容"的战略定力;狭路相逢时,展现"独有英雄驱虎豹"的非凡气概。

从以建设性的态度开展经贸磋商,到以负责任的胸怀开展中美元首直接对话,从果断采取必要反制措施,到保持战略定力办好自己的事……习近平总书记带领全党全国各族人民发扬不信邪、不怕鬼的精神,坚决顶住外部极限施压遏制,有理有据有节开展斗争,既捍卫了国家和人民的根本利益,也赢得了国际社会的尊重和敬佩。

既有防范风险的先手,也有应对和化解风险挑战的高招。

2022年7月1日,香港会展中心,灯光璀璨,花团锦簇。

"这样的好制度,没有任何理由改变,必须长期坚持!"在庆祝香港回归祖国25周年大会暨香港特别行政区第六届政府就职典礼上,习近平总书记这样论及"一国两制"。话音未落,全场爆发出热烈掌声。

一个时期,受各种内外复杂因素影响,"反中乱港"活动猖獗,香港局势一度出现严峻局面。

建立健全香港维护国家安全的法律制度和执行机制、制定实施香港国安法、完善选举制度、落实"爱国者治港"原则……以习近平同志为核心的党中央审时度势,出台一系列事关根本和长远的举措,香港局势实现由乱到治的重大转折,正处在由治及兴的关键时期。

以习近平同志为核心的党中央始终掌握应对风险挑战的战略主动,敢于斗争、善于斗争,依靠顽强斗争打开了事业发展新天地。

强国必须强军,军强才能国安。面对风险挑战,人民军队始终是捍卫和平、维护安全的钢铁长城。

党的十八大以来,在习近平强军思想指引下,我们党紧紧扭住战斗力这个唯一的根本的标准，全面推进政治建军、改革强军、科技强军、人才强军、依法治军，人民军队体制一新、结构一新、格局一新、面貌一新，实现整体性革命性重塑，以更强大的能力、更可靠的手段捍卫国家主权、安全、发展利益。

"中国共产党是为中国人民谋幸福的政党，也是为人类进步事业而奋斗的政党"——统筹国内国际两个大局，开创中国特色大国外交新局面，为推动构建人类命运共同体、建设更加美好世界作出新的更大贡献

2022年9月，习近平总书记再次踏上中亚大地。

不约而同，出席上合组织撒马尔罕峰会的多国领导人纷纷同习近平谈及"一带一路"合作；不约而同，哈萨克斯坦总统、乌兹别克斯坦总统将本国最高荣誉勋章授予中国最高领导人。

9年前，习近平总书记在纳扎尔巴耶夫大学发表演讲，首次提出共建"丝绸之路经济带"倡议。

几年间，当连续两届"一带一路"国际合作高峰论坛在华举办、与会各国领导人接踵而至，当亚欧大陆上一个个经贸合作区拔地而起、一列列中欧班列穿梭往来时，国际社会赞叹"一带一路"倡议是"人类历史上最具雄心的经贸一体化计划"。

今天，中国与沿线国家货物贸易额累计约12万亿美元，同149个国家、32个国际组织签署了200多份合作文件；

今天，因为"一带一路"，哈萨克斯坦的小麦卖到了东南亚，乌兹别克斯坦安格连—帕普铁路隧道建成通车，希腊比雷埃夫斯港重现生机，更多巴基斯坦民众在炎炎夏日吹上了电扇，塞内加尔干旱地区村民喝上了干净的水……

从历史深处走来的中国倡议，在中国同世界交融发展中，不断书写构建人类命运共同体的大美诗篇。

放眼全球，百年变局叠加世纪疫情，单边主义保护主义甚嚣尘上，冷战思维强权政治阴魂不散，国际和地区形势错综复杂……世界进入新的动荡变革期，人类站在新的十字路口。世界怎么了、我们怎么办？这是习近平总书记一直思考的问题。

"人类生活在同一个地球村里，生活在历史和现实交汇的同一个时空里，越来越成为你中有我、我中有你的命运共同体。"2013年3月，党的十八大后习近平总书记首次出访，在莫斯科国际关系学院发表演讲，作出这样的重大论断。

10年来，在纽约联合国总部、日内瓦万国宫，习近平总书记系统阐述构建人类命运共同体理念内涵和目标路径，从中国人民和世界人民共同利益出发，高高举起引领时代潮流和人类前进方向的鲜明旗帜。

10年来，构建人类命运共同体被写入联合国决议、上合组织成员国元首宣言等一系列国际文件，在中国与世界的紧密互动中凝聚日益广泛的国际共识，汇集起日益强大的全球合力。

从北京出发，跨越高山大海，10年间，习近平总书记出访42次，足迹遍及五大洲69个国家；在国内，举办一系列重大主场外交活动，接待100多位来访的外国元首、政府首脑，疫情背景下又通过"云外交"同国际社会密切沟通。

推动构建总体稳定、均衡发展的大国关系框架；发展同周边国家睦邻友好关系；深化同发展中国家团结合作……在习近平外交思想指引下，中国特色大国外交全面推进，外交布局不断完善，建交国增至181个，建立伙伴关系的国家和地区组织达110多个，伙伴关系网络覆盖全球。

金秋，上海，第五届中国国际进口博览会准备工作如火如荼。这一由习近平总书记亲自谋划的全球首个以进口为主题的国家级展会，被外界誉为中国开放的"金色大门"。过去4年，习近平总书记每年在进博会开幕式上发表主旨演讲，向世界传递出"中国开放的大门只会越开越大"的强烈信号。

连年举办进博会、广交会、服贸会、消博会，统筹推进 21 个自贸试验区建设，高质量高标准建设海南自由贸易港，颁布实施外商投资法，区域全面经济伙伴关系协定生效实施……

海纳百川的开阔格局，基于"世界好，中国才能好；中国好，世界才更好"的深刻逻辑；弄潮涛头的勇毅担当源于"以人民之心为心、以天下之利为利"的深厚情怀。

2016 年 9 月，杭州西子湖畔，习近平总书记在这里主持二十国集团领导人峰会。首次把发展问题置于全球宏观政策框架的突出位置、首次制定落实联合国 2030 年可持续发展议程行动计划、首次采取集体行动支持非洲和最不发达国家工业化……一个个"首次"，在全球治理进程中镌刻下鲜明的中国印记。

促成国际货币基金组织份额改革落实，发起成立亚投行、新开发银行，设立丝路基金，中国在全球金融体系变革中的作用不断增强；无论是承诺"力争 2030 年前实现碳达峰、2060 年前实现碳中和"，还是开展新中国成立以来最大规模的全球紧急人道主义行动，中国用实际行动展现了大国应有的样子和责任担当。

当今世界既不太平也不安宁。在变乱交织的国际环境中，中国以稳固、坚实、可预期的姿态，为世界带来信心和力量。

旗帜鲜明推动建设开放型世界经济，成为"世界上推动贸易和投资自由化便利化的最大旗手"；

提出全球发展倡议、全球安全倡议，受到国际社会广泛欢迎；

倡导平等、互鉴、对话、包容的文明观，弘扬全人类共同价值，推动不同文明交流对话、和谐共生……

德不孤，必有邻。

今天，习近平总书记提出的中国理念、中国方案正不断转化为全球公共产品。

外媒评价，中国提出的将本国利益与地区和全球利益相对接的理念在全球范围内得到广泛响应,这样的理念付诸行动,人类就向前迈出一大步。

"中国人民正意气风发向着全面建成社会主义现代化强国的第二个百年奋斗目标迈进"——牢牢把握新时代新征程党的中心任务,谋划新的思路、新的战略、新的举措,以中国式现代化推进中华民族伟大复兴

实现中华民族伟大复兴的征程中,每一次历史性跨越都意味着再一次出发。

我们党历来高度注重总结历史经验。在中国共产党成立100周年的重要时刻,以习近平同志为核心的党中央决定,党的十九届六中全会重点研究全面总结党的百年奋斗重大成就和历史经验。

2021年11月召开的这次全会,通过了党的第三个历史决议。此时,党领导人民胜利实现第一个百年奋斗目标、全面建成小康社会,迈入全面建设社会主义现代化国家、向第二个百年奋斗目标进军的新发展阶段。

"进入新发展阶段,是中华民族伟大复兴历史进程的大跨越。"习近平总书记作出鲜明判断。

脱贫攻坚后全面推进乡村振兴,全面小康后促进全体人民共同富裕,新的跨越昭示未来。

将乡村振兴放在实现中华民族伟大复兴高度,习近平总书记强调"民族要复兴,乡村必振兴",提出"产业振兴是乡村振兴的重中之重""推动乡村文化振兴"等战略举措,让希望的田野更有希望。

"共同富裕路上,一个也不能掉队。"以习近平同志为核心的党中央把共同富裕摆在更加重要位置,将"全体人民共同富裕取得更为明显的实质性进展"纳入2035年基本实现社会主义现代化的远景目标。

目光长远,方能行稳致远。

"水网建设起来,会是中华民族在治水历程中又一个世纪画卷,会载入千秋史册。"

"西部留白太大了，将来也要补几笔，把美丽中国的交通勾画得更美。"

从国家水网到西部边疆铁路网，习近平总书记以志在千秋伟业的高瞻远瞩，擘画重大工程，为全面建设社会主义现代化国家打牢基础。

步入2022年，进入全面建设社会主义现代化国家新征程的关键时刻。

习近平总书记在全国两会上首次提出"五个必由之路"重大论断，阐述我国发展仍具有的"五个战略性有利条件"，深刻揭示新时代我们为什么成功、未来我们怎样继续成功。

随后，习近平总书记展开密集考察调研，谋划新的思路、新的战略、新的举措——

4月海南，从打造中国特色自由贸易港到建设洋浦经济开发区，一再强调抓好实现中华民族伟大复兴的重大战略任务；

6月四川、湖北，走进创新型企业，提出"不断提升我国发展独立性、自主性、安全性，催生更多新技术新产业，开辟经济发展的新领域新赛道，形成国际竞争新优势"；

7月新疆，深入学校、社区、农村等，强调"不断丰富和发展新时代党的民族理论，推进中华民族共同体基础性问题研究"；

8月辽宁，对东北振兴念兹在兹，指出"我们对东北振兴充满信心、充满期待"，党的二十大后要对东北振兴作出新的部署。

击鼓催征，踔厉奋发。

党的二十大将对全面建成社会主义现代化强国两步走战略安排进行宏观展望，重点部署未来5年的战略任务和重大举措，搞好这5年的发展对于实现第二个百年奋斗目标至关重要。

今年7月，省部级主要领导干部"学习习近平总书记重要讲话精神，迎接党的二十大"专题研讨班举行。

"必须高举中国特色社会主义伟大旗帜""必须坚持以中国式现代

化推进中华民族伟大复兴""必须永葆'赶考'的清醒和坚定""要牢牢把握新时代新征程党的中心任务"……习近平总书记作出一系列重大论断,为开好党的二十大奠定了重要政治基础、思想基础、理论基础。

刚刚闭幕的党的十九届七中全会,分析了当前形势和任务,深入讨论了新时代新征程坚持和发展中国特色社会主义、全面建设社会主义现代化国家的若干重大问题,为召开党的二十大作了充分准备。

大道之行,壮阔无垠。

十年弹指一挥间,却在实现中华民族伟大复兴历史中写下波澜壮阔的恢宏篇章。习近平总书记以坚定信仰信念、鲜明人民立场、非凡政治智慧、顽强意志品质、强烈历史担当带领全党全国各族人民开创了中国特色社会主义新时代,开辟了马克思主义中国化新境界。

十年风雨兼程,十年砥砺奋进。新时代党和国家事业之所以能够取得历史性成就、发生历史性变革,根本在于习近平总书记掌舵领航,在于习近平新时代中国特色社会主义思想科学指引。

全党全军全国各族人民深切体会到,党确立习近平同志党中央的核心、全党的核心地位,确立习近平新时代中国特色社会主义思想的指导地位,对推进中华民族伟大复兴历史进程具有决定性意义,是赢得未来的根本政治保证。

新起点,再起航。

新时代新征程上,在以习近平同志为核心的党中央坚强领导下,风华正茂的中国共产党必将带领全国各族人民,为全面建设社会主义现代化国家、全面推进中华民族伟大复兴继续团结奋斗,继续赢得更加伟大的胜利和荣光!

(新华社北京 2022 年 10 月 14 日电 新华社记者赵承、霍小光、张旭东、张晓松、赵超、邹伟、刘华、朱基钗、韩洁、林晖)

建强战斗堡垒　夯实执政之基

——党的十九大以来党的基层组织建设工作综述

党的力量来自组织。严密的组织体系，是马克思主义政党的优势所在、力量所在。其中，基层党组织是党的肌体的"神经末梢"，是党执政大厦的地基。

习近平总书记指出："我们党的基层党组织和党员队伍，这是世界上任何其他政党都不可能具有的强大组织资源。把基层党建工作抓好了，我们的基层党组织牢不可破，我们的党员队伍坚不可摧，党的执政地位就坚如磐石，党和人民的事业就无往而不胜。"

党的十九大以来，以习近平同志为核心的党中央立足新的历史方位，高瞻远瞩、统筹谋划，更加注重党的组织体系建设，以提升组织力为重点，突出政治功能，加强企业、农村、机关、事业单位、社区、社会组织等各领域党建工作，推动基层党组织全面进步、全面过硬。

牢固树立大抓基层的鲜明导向

"基层党组织是党执政大厦的地基，地基固则大厦坚，地基松则大厦倾。"

"党的工作最坚实的力量支撑在基层，经济社会发展和民生最突出的矛盾和问题也在基层，必须把抓基层打基础作为长远之计和固本之策，丝毫不能放松。"

"基层党组织能力强不强,抓重大任务落实是试金石,也是磨刀石。党中央制定了一系列重大战略、部署了一系列重大工作,基层党组织就要在贯彻落实中发挥领导作用。"

……

党的十九大以来,习近平总书记就推进全面从严治党向基层延伸,扎实做好抓基层、打基础、固基本的工作,作出一系列重要指示,系统回答了新时代基层党建工作怎么看、抓什么、怎么抓等重大理论和实践问题,为建强战斗堡垒、夯实执政之基指明了前进方向、提供了根本遵循。

在山西大同云州区西坪镇坊城新村、在陕西商洛柞水县小岭镇金米村、在四川眉山东坡区太和镇永丰村……走村入户了解抓党建促乡村振兴情况;

2020年9月18日,湖北省武汉市青和居社区服务中心工作人员协助社区居民填写材料。新华社记者 肖艺九 摄

在湖北武汉青山区工人村街青和居社区、在吉林长春宽城区团山街

道长山花园社区、在新疆乌鲁木齐天山区固原巷社区……深入社区就党建引领基层治理听取意见、给予指导；

在江苏徐工集团重型机械有限公司、在湖北武汉烽火科技集团有限公司、在广东广州明珞汽车装备有限公司……对加强党建工作、促进企业健康发展提出明确要求；

……

习近平总书记每到一个地方考察调研，都要深入基层一线，对发挥基层党组织战斗堡垒作用和广大党员先锋模范作用，坚持以人民为中心的发展思想、做好群众工作作出重要指示。

党的十九大以来，党中央总揽全局，科学谋划，加强顶层设计，修订《中国共产党农村基层组织工作条例》《中国共产党党和国家机关基层组织工作条例》《中国共产党普通高等学校基层组织工作条例》，制定《中国共产党国有企业基层组织工作条例（试行）》《中国共产党支部工作条例（试行）》《中国共产党党员教育管理工作条例》。党中央和中央有关部门召开中央和国家机关党的建设工作会议、抓党建促乡村振兴电视电话会议、全国城市基层党建引领基层治理工作电视电话会议、中央企业党的建设工作座谈会、全国高校党的建设工作会议……

习近平总书记亲自谋划、亲自部署、亲自推动，扎实推进党的基层组织建设，为全党树立了标杆、作出了表率。从2014年开始，各地区各部门各单位连续8年开展党委（党组）书记抓基层党建工作述职评议考核。2019年，中央组织部印发《党委（党组）书记抓基层党建工作述职评议考核办法（试行）》。各级党委（党组）树立大抓基层的鲜明导向，扎实推进农村、城市"两大阵地"基层党建，切实解决国有企业、机关、高校、公立医院等传统领域基层党建工作突出问题，着力补齐非公企业、社会组织等新兴领域党建工作短板，探索推进新业态、新就业群体党建工作。

5年来，各地区各部门各单位努力把各领域基层党组织建设成为宣传党的主张、贯彻党的决定、领导基层治理、团结动员群众、推动改革发展的坚强战斗堡垒,党的组织体系更加严密,马克思主义政党的优势力量更加彰显,党的领导更加"如身使臂、如臂使指",有力保证党中央的决策部署不折不扣地落地落实。

夯实全面实施乡村振兴战略的组织基础

陕西榆林绥德县的郝家桥村,曾是中共绥德地委在1943年春发现的一个模范村。时隔78年后,郝家桥村再获一份"楷模"称号:"全国脱贫攻坚楷模"。

2021年9月,习近平总书记来到郝家桥村考察并指出了3条党建经验,其中一条就是"建好党支部、选好的带头人,走群众路线,把群众积极性调动起来、觉悟提高起来、认识升华起来,共同把事业做好"。

进入新时代,脱贫攻坚战从吹响号角到决战决胜,农村基层党组织建设力度之大、投入之多、氛围之浓、成效之好前所未有。打赢脱贫攻坚战后,"三农"工作的重心历史性转移到全面推进乡村振兴。

乡村振兴,关键在人、关键在干,必须建设一支政治过硬、本领过硬、作风过硬的乡村干部队伍;乡村振兴各项政策,最终要靠农村基层党组织来落实。

2021年6月,中央组织部印发《关于抓党建促乡村振兴的若干意见》,从干部、组织、人才等方面系统提出巩固拓展脱贫攻坚成果、全面推进乡村振兴的22条政策措施。各级党组织坚持整体建设、突出重点、精准发力,确保抓党建促乡村振兴的质量和实效。

全面推进抓党建促乡村振兴,根本在于加强和改进党对农村基层工作的全面领导,通过省市县乡村"五级党组织"联动抓、协力抓,把党中央提出的农村工作重大任务落到实处。不少地方党委落实书记第一责任人责任,建立市县党政领导班子和领导干部实施乡村振兴战略实绩考核制度，推动"五级书记"抓乡村振兴。

强化乡镇和村党组织的领导地位，是全面推进乡村振兴的重要保证。《中国共产党农村基层组织工作条例》明确提出"始终坚持农村基层党组织领导地位不动摇"。各地健全完善村级重大事项由村党组织研究讨论后按程序决定机制，全面落实"四议两公开"、村务监督等制度机制，加强对乡村振兴重点任务的管理与监督。

乡村发展离不开人才支撑，派强用好驻村第一书记和工作队是重要手段。在打赢脱贫攻坚战中，全国累计选派驻村第一书记51.8万人、工作队员249.2万人。2021年，中央办公厅印发《关于向重点乡村持续选派驻村第一书记和工作队的意见》，各地完善持续选派驻村第一书记和工作队制度。

2022年5月6日，广西柳州市融安县大坡乡岗伟村驻村第一书记黄晨晖（后排右）和乡镇干部、工程设计人员在大坡飞鸡农特产品大数据中心讨论岗伟村产业示范带方案。新华社记者 黄孝邦 摄

推动发展壮大村级集体经济，是全面推进乡村振兴的有效抓手。

2018年,中央组织部、财政部、农业农村部印发《关于坚持和加强农村基层党组织领导扶持壮大村级集体经济的通知》,推动集体经济发展成果惠及广大农民群众。不少地方开展党支部领办合作社发展集体经济示范行动,带动增收致富。

与此同时,从中央到地方,注重加大基层投入和激励力度。各地普遍建立起以财政投入为主的稳定的村级组织运转经费保障制度,并建立正常增长机制,农村基层干部待遇保障水平不断提高,党组织凝聚服务群众能力明显增强。

5年来,各地持续优化村"两委"班子特别是带头人队伍,顺利完成村"两委"换届,全覆盖培训村干部,特别是在脱贫攻坚、乡村振兴等重大任务中,锻造村党组织带头人、培育后备力量,常态化整顿软弱涣散村党组织,整乡推进、整县提升,农村基层党组织创造力、凝聚力、战斗力明显增强。

城市基层党建引领基层治理效能明显提升

路平了,灯亮了,各项设施完善了,大家伙儿的心里也亮堂了……今年8月,习近平总书记来到辽宁沈阳皇姑区三台子街道牡丹社区考察。这个曾经的老旧小区,经过改造成为远近闻名的基层治理示范社区。

看到社区旧貌展新颜,习近平总书记强调:"要加强社区基层党组织建设,加强和改进社区工作,推动更多资源向社区倾斜,让老百姓体会到我们党是全心全意为人民服务的,党始终在人民群众身边。"

党的十九大以来,习近平总书记对城市基层党建高度重视,深入城市社区、防疫一线,看望慰问社区干部群众、志愿者,对城市基层党建、基层治理作出一系列重要指示、提出明确要求。

面对城镇化深入推进出现的新情况,人民群众对美好生活向往提出的新要求和城市基层治理面临的新挑战,各地认真贯彻全国城市基层党建工作经验交流座谈会精神,持续深化实践探索。中央组织部指导各地确定214个示范市先行先试,实施"书记领航"工程。中央办公厅印发《关于加强和改进城市基层党的建设工作的意见》。中央组织部、中央政法委、民政部、住房和城乡建设部印发深化城市基层党建引领基层治理的若干措施。最近,中央组织部召开电视电话会议,对总结运用疫情防控斗争经验、深化城市基层党建引领基层治理再部署……

吉林省长春市长山花园社区党委书记韩丽萍(左)到独居老人家中检查燃气报警设备(资料照片)。新华社发

从基层探索到顶层设计,从典型引路到整体推进,从统一思想到实践检验,城市基层党建一步一个脚印,经历了实践——认识——再实践——再认识的深化提升。

党建引领基层治理是一项系统工程,需要逐级建立领导协调机制,加强统筹协调,整合组织资源,形成整体合力。不少地方省市县三级党委组建基层治理工作委员会作为党委议事协调机构,党委书记担任主任,彰显示范效应。有的地方采取有力措施，推动市委书记亲力亲为、破解难题，真正把市、区、街道、社区四级联动的"龙头"舞起来。

"上面千条线，下面一根针"，有责没有权不行。各地普遍把街道管理体制改革作为"先手棋"，大多数街道被赋予区域综合管理权、规划参与权、重大事项建议权等相应职权，逐步取消招商引资、协税护税等工作任务，优化街道内设工作机构设置，增强管理服务效能。同时，各地普遍建设覆盖广泛、功能完善的党群服务中心体系，打造群众身边的"红色灯塔"。

2022年9月6日，在浙江省杭州市临安区锦南街道兰锦社区党群服务中心，党员志愿者与社区的老年人进行沟通。新华社记者 徐昱 摄

各地推动资源、服务和管理向社区倾斜，持续开展社区减负专项行动，落实社区事务准入制度，加快社区工作者职业体系建设，抓住社区"两委"集中换届契机，提升社区"两委"班子素质。同时，坚持共建共治共享，深化街道社区党建、单位党建、行业党建互联互动，健全党组织领导的居民自治、基层协商、群团带动、社会参与机制，推动社区

网格化管理，提升基层治理能力。

此外，针对群众反映集中的物业难题，各地普遍建立社区物业党建联建和协调共治机制，把物业管理力量打造成党的群众工作队。

党建强则治理强。党建工作平时抓得好抓得实，关键时刻才能发挥巨大作用。5年来，城市基层党组织更加坚强有力，战斗堡垒作用更加突出，广大党员在疫情防控、基层治理等大战大考中浴火淬炼，经受考验、发挥作用、赢得了赞誉，群众获得感、幸福感、安全感显著提升，党与人民的血肉联系越发紧密。

党在新兴领域的号召力和凝聚力不断扩大

2018年11月6日，3家企业党支部正在上海中心大厦22层的党建服务中心联合开展"我与金融城共成长"主题党日活动，习近平总书记来到他们中间，同他们亲切交谈。

"党建工作的难点在基层，亮点也在基层。随着经济成分和就业方式越来越多样化，在新经济组织、新社会组织就业的党员越来越多，要做好其中的党员教育管理工作，引导他们积极发挥作用。"习近平总书记强调。

非公企业和社会组织，是基层党建工作的难点和薄弱点，也是严密党的组织体系的重要着力点。加强非公企业和社会组织党建，对于扩大党的组织覆盖和工作覆盖、巩固党的执政根基至关重要。

5年来，中央组织部会同有关部门认真贯彻习近平总书记关于非公企业和社会组织党建工作重要指示精神，召开全国互联网企业党建工作座谈会、全国律师行业党的建设工作座谈会，出台加强互联网企业党建和律师行业党建等政策措施，组织实施互联网企业党建工作"双提升"三年行动计划，完善地方两新工委运行机制。

各地攻坚克难，推进非公企业和社会组织党建提质增效。

——全面提升党组织覆盖质量。各地边摸排、边组建、边巩固,建立起地方党委负总责、组织部门(两新工委)牵头抓总、行业部门各负其责、街道社区兜底管理、有关部门结合职能协同推进的管理体制和工作格局。

——着力建强党建工作力量。建立组织部门、两新工委成员单位负责人直接联系重点企业和出资人制度;选优配强党组织带头人,定期举办示范培训班;制定党建指导员选派管理办法,指导新建党组织建章立制、开展活动。

——聚焦重点推进和难点突破。重点抓好各类园区、商务楼宇、商圈市场和互联网企业党建工作,突出加强省级以上社会组织和律师、注册会计师、税务师、资产评估等行业党建工作,稳妥推进行业协会商会与行政机关脱钩改革中的党建工作。

随着互联网经济发展,快递员、外卖配送员、网约车司机、货车司机等新就业群体大量涌现。如何加强新业态、新就业群体党建,把新就业群体团结凝聚在党的周围?

2021年6月至12月,按照党中央部署,北京、浙江、深圳开展新业态、新就业群体党建工作试点。

为破解管理难题,试点单位建立大型互联网平台企业和快递物流业党建工作领导体制,在快递企业集聚、业务量较大的地区,依托邮政管理部门成立行业党委,指导或直接管理龙头企业、区域公司、分拣中心党组织;紧盯平台企业这个关键枢纽,推动企业沿着业务架构调整理顺党组织设置,把党组织延伸到业务板块、分支机构、项目团队,督促合作公司、加盟企业成立党组织。

针对平台企业具有社会性、公共性的特点,建立健全党组织与企业管理层共同学习党中央重大决策部署、对企业重大问题会商制度,把稳企业发展方向。

抓党建,说到底是做人的工作。试点单位灵活组建流动党员党支部,把新就业群体中的党员组织起来，带动新就业群体有序参与基层治理和行业治理。

5年来，各地区各部门各单位把解决"有没有"问题与"强不强"问题结合起来，扩大党在新兴领域的号召力和凝聚力，将经济社会发展中最活跃的组织和人群团结凝聚在党的周围。

把传统领域党建工作优势更好彰显出来

"要把党建工作作为办学治校的重要任务，发挥基层党组织作用，加强党员队伍建设，使基层党组织成为学校教书育人的坚强战斗堡垒""深化全面从严治党、进行自我革命，必须从中央和国家机关严起、从机关党建抓起"……

国有企业、机关、高校、公立医院、中小学校，事关经济社会发展，事关人民群众身体健康，事关国家民族未来，事关党的执政根基。

党的十九大以来，各级党委坚持问题导向，系统梳理传统领域党建工作薄弱环节，着力解决"灯下黑""两张皮"等问题，压紧压实党建工作责任，紧盯重点任务集中发力，推动党的领导贯通到底、党的建设落到实处。

创建讲政治、守纪律、负责任、有效率的模范机关。各地区各部门各单位坚持围绕中心、建设队伍、服务群众，推动党建工作与业务工作深度融合、相互促进。把带头做到"两个维护"作为机关党的建设首要任务，认真落实党的组织生活基本制度，建设风清气正的政治机关。组织机关干部深入基层、深入实际、深入群众，在经济发展主战场、疫情防控第一线、攻坚克难最前沿，服务群众、锤炼作风、建功立业，建设让党中央放心、让人民满意的模范机关。

为做强做优做大国有企业提供坚强保证。中央组织部、国务院国资委党委对在完善公司治理中加强党的领导、将党建工作要求写入公司章程、进一步明确中央企业党委（党组）对直属企业（单位）党建工作领导和指导责任等作出部署、提出要求。各地区各部门各单位认真贯彻国有企业基层党组织工作条例，落实全国国有企业党的建设工作会议精神，推进加强党的领导和完善公司治理有机统一，健全"双向进入、交叉任职"领导体制，制定国有企业党组织前置研究事项清单示范文本，推进党建工作与生产经营深度融合。

把党的领导贯穿办学治校、立德树人全过程。中央组织部、教育部党组细化高校党建工作重点任务，进一步明确部属高校党建工作责任，完善落实高校党委领导下的校长负责制具体制度。各地区各部门各高校健全高校党的组织体系，完善党建工作制度体系和工作机制，全面加强院系党组织和师生党支部建设，持续推进"双带头人"培育工程。推动地方党委履行属地管理责任，主管部委结合领导班子建设履行管党责任。

持续加强公立医院党建工作。各地区各部门各公立医院严格落实党委领导下的院长负责制，修订完善医院章程和议事决策规则，将党的领导贯穿医疗、教学、科研、管理各方面各环节。注重发展医疗专家、学科带头人、优秀青年医务人员入党。在疫情防控中，各级医院党组织坚定站在疫情防控前线，团结带领广大医务工作者白衣为甲、逆行出征，主动承担急难险重任务，发挥了火线上的中流砥柱作用。

5年来，传统领域基层党建工作在改革创新中不断加强，在完善体制中持续深化，为完成中心任务、服务党和国家工作大局提供了有力保证，更好彰显了组织功能、组织优势、组织力量，发挥了走在前、作表率的示范引领作用。

强基固本筑堡垒，凝心聚力担使命。在以习近平同志为核心的党中央坚强领导下，从机关单位到城市乡村，从学校企业到车间厂矿，490多万个基层党组织构筑起坚如磐石的战斗堡垒，9600多万名党员正成为干事创业的先锋模范，党的创造力、凝聚力、战斗力不断增强，确保我们党始终保持旺盛的生机和活力。

新征程上，各级党组织和广大党员将坚持以习近平新时代中国特色社会主义思想为指导，凝心聚力、开拓创新，履职尽责、担当作为，以高质量党建推动高质量发展，以实际行动迎接党的二十大胜利召开。

（新华社北京 2022 年 10 月 9 日电　新华社记者）

领航新时代新征程新辉煌的坚强领导集体
——党的新一届中央领导机构产生纪实

走过百年光辉历程,迈上新的时代征程,伟大的中国共产党又迎来了一个具有重大历史意义的标志性时刻——

2022年10月23日上午,北京人民大会堂。

在热烈的掌声中,中国共产党第二十届中央委员会第一次全体会议选举产生了24人组成的二十届中央政治局,选举习近平、李强、赵乐际、王沪宁、蔡奇、丁薛祥、李希为中央政治局常委,选举习近平为中央委员会总书记;通过了中央书记处成员;决定了中央军事委员会组成人员;批准了二十届中央纪律检查委员会第一次全体会议选举产生的领导机构。

奋楫正当时,扬帆再出发。

以习近平同志为核心的新一届中央领导集体团结带领全党全军全国各族人民,自信自强、守正创新、踔厉奋发、勇毅前行,向着全面建设社会主义现代化国家、全面推进中华民族伟大复兴的宏伟目标奋勇前进。

掌舵领航,开创复兴伟业

——习近平总书记掌舵领航新时代新征程,赢得全党全军全国各族人民的衷心崇敬和拥戴,全党坚定拥护"两个确立",坚决做到"两个维护"

时光的表盘上,总有一些耀眼时刻,标注历史的进程。

2021年金秋,在中国共产党隆重庆祝建党100周年的热烈氛围中,我们党制定了党的历史上第三个历史决议，鲜明提出"两个确立"——

党确立习近平同志党中央的核心、全党的核心地位，确立习近平新时代中国特色社会主义思想的指导地位，反映了全党全军全国各族人民共同心愿，对新时代党和国家事业发展、对推进中华民族伟大复兴历史进程具有决定性意义。

这是深刻总结党的百年奋斗历程特别是新时代伟大变革得出的重大历史结论，凝聚全党共同意志、表达人民共同心声。

党的十九大以来的 5 年极不寻常、极不平凡。党中央统筹中华民族伟大复兴战略全局和世界百年未有之大变局，就党和国家事业发展作出重大战略部署，团结带领全党全军全国各族人民有效应对严峻复杂的国际形势和接踵而至的巨大风险挑战，以奋发有为的精神把新时代中国特色社会主义推向前进，攻克了许多长期没有解决的难题，办成了许多事关长远的大事要事，推动党和国家事业取得举世瞩目的重大成就。

从党的十八大开始，中国特色社会主义进入新时代。历史，注定铭记下这伟大非凡的 10 年——

10 年来，以习近平同志为核心的党中央高举中国特色社会主义伟大旗帜，全面贯彻习近平新时代中国特色社会主义思想，团结带领全党全军全国各族人民，统揽伟大斗争、伟大工程、伟大事业、伟大梦想，采取一系列战略性举措，推进一系列变革性实践，实现一系列突破性进展，取得一系列标志性成果，创造了新时代中国特色社会主义的伟大成就，在党史、新中国史、改革开放史、社会主义发展史、中华民族发展史上具有里程碑意义。

10 年来，坚持和加强党的全面领导，统筹推进"五位一体"总体布局、协调推进"四个全面"战略布局，坚持和完善中国特色社会主义制度、推进国家治理体系和治理能力现代化，如期打赢脱贫攻坚战，如期全面建成小康社会、实现第一个百年奋斗目标，开启了全面建设社会主义现代化国家新征程。

10年来,坚持以党的伟大自我革命引领伟大社会革命,深入推进全面从严治党,持之以恒正风肃纪,一体推进不敢腐、不能腐、不想腐,党同人民群众的血肉联系更加紧密,党内良好政治生态不断形成和发展,为党和国家各项事业发展提供了坚强政治保证。

10年来,党领导人民创造的伟大成就,彰显了中国特色社会主义的强大生机活力,党心军心民心空前凝聚振奋,中华民族迎来了从站起来、富起来到强起来的伟大飞跃,实现中华民族伟大复兴进入了不可逆转的历史进程。党的面貌、国家的面貌、人民的面貌、军队的面貌、中华民族的面貌发生了前所未有的变化。

时代大潮同领袖人物总是相互造就,历史进程与思想进程总是交相激荡。

面对世所罕见、史所罕见的复杂形势和风险挑战,习近平总书记以马克思主义政治家、思想家、战略家的恢弘气魄、远见卓识、雄韬伟略,谋划国内外大局,统领改革发展稳定、内政外交国防、治党治国治军,及时提出重大战略,作出重大决策,部署重大任务,领导全党全军全国各族人民坚定信心、迎难而上,充分展现了大党大国领袖的政治智慧、战略定力、使命担当、为民情怀、领导艺术,赢得了全党全军全国各族人民衷心拥护和爱戴。

在推进新时代中国特色社会主义伟大实践中,以习近平同志为主要代表的中国共产党人,坚持把马克思主义基本原理同中国具体实际相结合、同中华优秀传统文化相结合,从理论和实践结合上回答了关系党和国家事业发展全局的一系列重大时代课题,科学回答中国之问、世界之问、人民之问、时代之问,创立了习近平新时代中国特色社会主义思想。习近平新时代中国特色社会主义思想是当代中国马克思主义、二十一世纪马克思主义,是中华文化和中国精神的时代精华,开辟了马克思主义中国化时代化新境界。

新时代10年的伟大变革,揭示出深刻的历史结论:党和国家事业取得历史性成就、发生历史性变革，最根本的原因在于有习近平总书记作为党中央的核心、全党的核心掌舵领航，在于有习近平新时代中国特色社会主义思想科学指引。

新时代10年的伟大变革，寄托着热切的时代期盼：站在新的历史起点，面对更加复杂的国际环境、艰巨繁重的国内改革发展稳定任务，要确保党的事业接续发展、国家长治久安，必须坚定拥护"两个确立"、坚决做到"两个维护"，保持党中央的核心、全党的核心长期稳定。由经过历史检验、实践考验、斗争历练的党的核心、人民领袖、军队统帅继续掌舵领航，是党心所向、民心所盼、众望所归，也是党之大幸、国之大幸、军队之大幸、人民之大幸！

谁能带领人民实现强国目标，谁能带领人民推进复兴伟业，历史就会选择谁，人民就会拥护谁——

在选举党的二十大代表时，习近平同志全票当选。在选举二十届中央委员会委员时，习近平同志全票当选。在二十届一中全会选举新一届中央领导机构时，习近平同志再次全票当选中央委员会总书记。

一张张选票、一次次掌声，凝聚了全体代表和委员的共同意愿，体现了9600多万名党员对习近平总书记的衷心爱戴，反映了亿万人民紧跟伟大复兴领路人开创更加美好未来的坚定信心。

沧海横流显砥柱，万山磅礴看主峰。担负伟大历史使命的中国共产党，将在以习近平同志为核心的党中央坚强领导下，团结带领全党全军全国各族人民，万众一心、奋勇前进，创造新的奇迹、夺取新的胜利。

高瞻远瞩，致力选贤任能
——着眼于党的事业继往开来和国家长治久安，以习近平同志为核心的党中央统筹谋划新一届中央领导机构人选酝酿提名工作

历史长河奔涌向前，中华民族伟大复兴迎来关键一程，面临的内外环境也在发生深刻变化——

放眼全球，世界百年未有之大变局加速演进，世界之变、时代之变、历史之变的特征更加明显。

环顾国内，我国发展面临新的战略机遇、新的战略任务、新的战略阶段、新的战略要求、新的战略环境，需要应对的风险和挑战、需要解决的矛盾和问题比以往更加错综复杂。

千秋伟业，关键在人。

在迈上全面建设社会主义现代化国家新征程、向第二个百年奋斗目标进军的关键时刻，全党全军全国各族人民有一个共同期盼，就是希望选出一个团结坚强、勇担重任的中央领导集体，在习近平总书记带领下，继续巩固成果、攻坚克难、砥砺前行，有效应对各种风险和考验，战胜前进道路上的各种困难和挑战，顺利实现新时代新征程各项目标任务。

如何产生新一届中央领导机构，领航中国这艘巨轮劈波斩浪、行稳致远？国内外对此高度关注。

根据党章规定，党的二十大选举产生新一届中央委员会和中央纪律检查委员会，二十届一中全会选举产生新一届中央政治局、中央政治局常务委员会和中央委员会总书记。

"我们党是一个拥有9600多万名党员的大党，在一个十几亿人口的大国执政，肩膀上的担子重、责任大，必须组成一个政治坚定、团结统一、坚强有力、奋发有为的中央领导集体。"习近平总书记的话语深谋远虑、意味深长。

宏阔视野擘画全局，深邃思考指引方向。

在以习近平同志为核心的党中央统筹谋划下，新一届中央领导机构人选的酝酿提名工作有序展开。

从2022年年初开始，习近平总书记就如何酝酿产生新一届中央领导机构人选问题，认真听取了中央政治局常委同志的意见。

大家一致赞成，在总结党的十七大、十八大有关做法的基础上，坚持十九届中央领导机构人选酝酿和"两委"人选考察工作的好经验好做法，不搞"海推""海选"，采取谈话调研的方式，就新一届中央政治局、常委会、书记处组成人选，国务院领导成员人选，中央军委组成人选，以及全国人大、全国政协党内新提拔人选等，在一定范围内面对面听取推荐意见和建议。

2022年3月24日，习近平总书记主持召开中央政治局常委会会议进行专门研究，讨论通过了《关于新一届中央领导机构人选酝酿工作谈话调研安排方案》。谈话调研和人选酝酿工作在习近平总书记直接领导下进行。主要遵循以下原则：

坚持以习近平新时代中国特色社会主义思想为指导，着眼于统筹推进"五位一体"总体布局和协调推进"四个全面"战略布局，立足新发展阶段、贯彻新发展理念、构建新发展格局、推动高质量发展，全面建设社会主义现代化国家，实现中华民族伟大复兴的中国梦；着眼于全面贯彻新时代党的建设总要求和新时代党的组织路线，坚持和加强党的全面领导，提高党的长期执政能力、保持党的先进性和纯洁性，以自我革命精神深入推进新时代党的建设新的伟大工程，不断巩固党的执政地位；着眼于党的事业后继有人、兴旺发达，确保党和国家长治久安。

坚持党的领导核心地位，坚持党中央权威和集中统一领导，完善党和国家领导人产生机制，积极稳妥地选好配好新一届党和国家领导班子。

坚持马克思主义政治家集团标准，坚持五湖四海、任人唯贤，坚持德才兼备、以德为先，坚持事业为上、公道正派，坚持新时代好干部标准和忠诚干净担当要求，严把政治关廉洁关，精准科学选人用人。

坚持党管干部原则，贯彻民主集中制，充分发扬党内民主，提高民主质量和实效。谈话调研重在集思广益、统一认识，不限定推荐人数，人选推荐票数作为参考，不简单以票取人。统筹考虑党和国家工作大局，根据干部条件、一贯表现和班子结构需要，研究提出新一届中央领导机构人选。

新一届中央领导班子要有合理的规模和结构。

按照这些原则，中央提出了推荐人选应具备的条件：

政治坚定、对党忠诚，政治判断力、政治领悟力、政治执行力强，深刻领悟"两个确立"的决定性意义，增强"四个意识"、坚定"四个自信"、做到"两个维护"，坚决在思想上政治上行动上同以习近平同志为核心的党中央保持高度一致，是合格的马克思主义政治家。

领导能力强，实践经验丰富，有强烈的革命事业心，有改革创新和实事求是精神，坚持原则、敢于担当，斗争精神强、敢于斗争、善于斗争，有正确的政绩观，工作业绩突出。

严格执行民主集中制，公道正派，心胸宽广，善于团结同志，牢记初心使命，自觉贯彻党的群众路线，发扬党的光荣传统和优良作风，全心全意为人民服务。

严守党的纪律和规矩，遵守中央八项规定和廉洁自律准则，道德修养好，清正廉洁，在党内外有较高威信和良好形象。

在此基础上，根据党和国家事业发展需要和中央领导机构建设的实际，参照往届做法，中央对推荐人选的范围、年龄和结构提出明确要求。

谈话调研中，大家一致认为，党中央关于新一届中央领导机构人选酝酿工作的原则旗帜鲜明、重点突出，人选的标准条件清晰明确、导向鲜明，推荐范围、年龄杠杠和结构要求科学合理、符合实际，充分体现了党中央的深谋远虑、远见卓识。

科学民主，凝聚广泛共识

——新一届中央领导机构人选的产生，充分体现了我们党充分发扬民主、善于集中全党智慧的优良传统和作风，展现了百年大党选贤任能的显著优势和宝贵经验

2022年初夏清晨，北京中南海。

7点刚过，一位省部级领导干部早早来到这里，为一场严肃庄重的谈话作准备。前两天，他接到通知进京，来到中南海之后，才知道谈话调研的内容。

在候谈室，他仔细阅读着摆在桌上的几份材料：《谈话调研有关安排》《现任党和国家领导人党员同志名册》《正省部级党员领导干部名册》……

早上9点，谈话正式开始。中央领导同志与参加谈话同志面对面交流，认真听取对新一届中央领导机构人选的意见建议。

这是中央领导机构人选酝酿工作谈话调研中的生动一幕。

从2022年4月开始，习近平总书记在日理万机的情况下专门安排时间，分别与现任中央政治局委员、中央书记处书记、国家副主席、中央军委委员谈话，充分听取意见，前后谈了30人。

根据中央政治局常委会的安排，2022年4月至7月，中央有关领导同志分别听取了现任国家机构和全国政协其他党员领导同志，中央和国家机关正部级单位党员主要负责同志，省区市党政正职，军队各战区司令员、政委等主官和其他十九届中央委员共283人的意见。中央军委负责同志分别听取了现任正战区职领导同志和军委机关战区级部门主要负责同志共35人对中央军委人选的意见。

通过谈话调研、听取意见、反复酝酿、会议决定等程序，逐步酝酿产生中央领导机构人选。整个人选产生过程，充分体现了党和国家领导人产生机制的不断完善，展现了我们党的成熟自信和博大胸襟。

这一过程，是坚持加强党的领导与充分发扬党内民主有机统一的过程——

中央领导机构人选的产生，是关系党和国家事业发展全局的关键性、根本性问题。

选人用人，党组织必须加强领导、把好关。习近平总书记深刻指出，"党的领导和民主是统一的，不是对立的，两者不能偏废，决不能简单以票取人"，"建党一百年了，我们党有丰富的经验，有一套完整的体制，选人用人标准、程序是经过千锤百炼的，是完善成熟的"。

参加谈话调研的同志纷纷表示，中央领导同志投入这么多宝贵时间和精力，在这么大范围充分听取意见，体现了习近平总书记和党中央对选好新一届中央领导机构人选的高度重视，体现了对我们的高度信任，内心很感动、也很激动，一定认真负责、实事求是谈出自己的意见和建议。

"整个谈话过程不限时间，也不限定推荐人数，怎么想就怎么谈，考虑多少就谈多少，认为谁优秀谁胜任就推荐谁，包括对新一届中央领导机构建设有什么好的意见建议都可以谈。"一名谈话对象感慨地说，"这样的谈话氛围很宽松，提前看材料、思考准备的时间也很充分，我们都敞开心扉，坦诚地谈出了自己的意见和想法。"

有的同志在候谈室反复阅看材料，拟好谈话提纲；有的同志不仅推荐人选，还详细介绍人选的表现和事例；有的同志在谈话结束后，又通过打电话、写信等方式补充意见……

用人得当，贵乎得法。大家对这次谈话调研给予充分肯定，一致认为，对新一届中央领导机构人选的酝酿不搞"海推""海选"，采取谈话调研、面对面听取意见的方式非常好，反映的意见更全面、更真实，是更高质量、更有实效的民主，是科学民主的好办法。

这一过程，是坚持标准、选贤举能的过程——

习近平总书记强调，中央领导机构人选酝酿，要把政治标准放在首位，严把政治关，把牢廉洁底线。

"中央领导机构成员肩负时代重任，寄托着亿万人民的厚望，必须按照马克思主义政治家标准来衡量。"谈话调研中，大家一致认为，新一届中央领导机构成员，应当政治过硬、对党忠诚，政治判断力、政治领悟力、政治执行力强，是"两个确立"的坚定拥护者、"两个维护"的自觉践行者。

"党和国家领导职务不是'铁椅子',符合年龄的也不一定当然继续提名,要坚持事业为上,根据工作需要、人选条件、廉洁情况和形象口碑,能留能转、能上能下,树立新时代鲜明用人导向。"谈话调研中,许多谈话对象都表达了这样的意见。

是否敢于担当、勇于斗争,具有领导现代化建设的能力素质,是许多同志推荐人选的重要考量。大家说:"今后五年,改革发展稳定任务艰巨繁重,风险挑战严峻复杂,需要建设一个能够攻坚克难、攻城拔寨、爬坡过坎的领导集体。"

谈话调研既是对参加谈话人员的一次考验和党性教育,也是高级领导干部参与党内政治生活的生动实践。许多同志说,这次谈话调研纪律要求、保密要求非常严,整个谈话调研过程风清气正,彰显了新时代全面从严治党的显著成效。

这一过程,是严格按制度办事、按程序办事的过程——

综合各方面意见建议,习近平总书记就新一届中央领导机构的组成原则和组成方案,同中央政治局常委同志进行了认真沟通、反复酝酿。形成初步方案后,习近平总书记又再次听取了中央政治局常委、中央政治局委员、中央书记处书记的意见。在此基础上,提出了新一届中央领导机构的组成方案。

新一届中央纪委领导成员人选建议方案,由中央纪委、中央组织部等有关方面经过酝酿讨论,向党中央提出。新一届中央军委组成人选建议方案,由中央军委经过集体讨论,向党中央提出。

2022年9月28日,中央政治局常委会会议研究讨论了新一届中央领导机构人选建议名单。9月29日,中央政治局会议审议通过了这一建议名单,决定提请党的二十届一中全会和中央纪委一次全会分别进行选举、通过、决定。

踔厉奋发，谱写崭新篇章
——新一届中央领导机构汇集了全党各方面优秀的执政骨干，他们将带领全党全军全国各族人民，走好新的赶考之路，为全面建设社会主义现代化国家、实现中华民族伟大复兴的中国梦而不懈奋斗

事业和梦想在这里传承，奋斗和拼搏在这里接力——

10月22日，党的二十大选举产生了新一届中央委员会和中央纪律检查委员会。

10月23日，党的二十届一中全会选举产生了新一届中央领导机构。

这是一个凝聚全党意志、反映人民期待，值得全党全军全国各族人民充分信赖的领导集体——

新一届中央领导机构成员，符合马克思主义政治家标准，带头拥护"两个确立"、增强"四个意识"、坚定"四个自信"、做到"两个维护"，能够适应继续统筹推进"五位一体"总体布局、协调推进"四个全面"战略布局需要，具有较强领导现代化建设能力，敢于担当、敢于斗争，具有丰富领导经验和群众工作本领，是各方面党的执政骨干，在干部群众中有很高威信。

这是一个素质优良、结构合理，适应党和国家事业长远发展需要的领导集体——

二十届中央政治局由24名熟悉各方面、各领域工作的同志组成，都有较高学历和专业知识，结构比较合理，成员来源广泛，有在地方工作的，有在中央和国家机关工作的，也有军队的同志。其中，11名同志是十九届中央政治局委员继续提名，2名同志是转任提名，11名同志是新提拔的。

这是一个承前启后、继往开来，引领中华民族走向伟大复兴的领导集体——

新一届中央领导机构进退比例比较适当，保持了人员和工作的连续性，一批德才兼备、年富力强的领导干部进入新一届中央领导机构，充分反映了我们党的事业后继有人、兴旺发达。

在新一届中央领导机构酝酿人选和征求意见时，一些党和国家领导同志以党和人民利益为重，以对国家发展和民族复兴高度负责的精神，主动表示退下来，让相对年轻的同志上来，表现出了共产党人的宽阔胸怀和高风亮节。

往昔已展千重锦，明朝更进百尺竿。

2022年10月23日12时许，人民大会堂金色大厅华灯璀璨，气氛热烈。中国共产党第二十届中央委员会总书记习近平和中央政治局常委李强、赵乐际、王沪宁、蔡奇、丁薛祥、李希步入大厅，同采访党的二十大的中外记者亲切见面。

镜头和闪光灯下，中央领导同志步履矫健、姿态从容。习近平总书记面带微笑，向大家挥手致意，全场响起热烈掌声。

随后，习近平总书记走向发言台，代表新一届中央领导成员衷心感谢全党同志的信任，表示一定牢记党的性质和宗旨，牢记自己的使命和责任，恪尽职守、勤勉工作，决不辜负党和人民重托。习近平总书记指出，新征程上，我们要始终保持昂扬奋进的精神状态，始终坚持一切为了人民、一切依靠人民，始终推进党的自我革命，始终弘扬全人类共同价值。习近平总书记强调，新征程是充满光荣和梦想的远征。蓝图已经绘就，号角已经吹响。我们要踔厉奋发、勇毅前行，努力创造更加灿烂的明天。

这是新时代领航者的自信、新征程掌舵人的担当，更是百年大党再续华章的指引、伟大民族迈向复兴的希望。

长风浩荡百年潮，砥柱人间是此峰。

以习近平同志为核心的新一届中央领导集体，必将带领全党全军全国各族人民坚定踏上新的赶考之路，为全面建设社会主义现代化国家、全面推进中华民族伟大复兴而团结奋斗，让中华民族在新时代新征程以更加昂扬的姿态屹立于世界民族之林！

　　重任在肩、光明在前，党团结带领人民铸就百年辉煌，也必将团结带领人民书写千秋伟业！

　　（新华社北京 2022 年 10 月 24 日电　新华社记者赵承、霍小光、张晓松、林晖、胡浩）

延伸阅读

深刻把握新时代十年的伟大变革

"十年来,我们经历了对党和人民事业具有重大现实意义和深远历史意义的三件大事:一是迎来中国共产党成立一百周年,二是中国特色社会主义进入新时代,三是完成脱贫攻坚、全面建成小康社会的历史任务,实现第一个百年奋斗目标。"

举世瞩目的中国共产党第二十次全国代表大会 16 日上午在人民大会堂开幕。习近平总书记代表第十九届中央委员会向大会作报告。报告全面总结党的十八大以来取得的伟大成就,深刻指出"三件大事"是中国共产党和中国人民团结奋斗赢得的历史性胜利,是彪炳中华民族发展史册的历史性胜利,也是对世界具有深远影响的历史性胜利。成就来之不易,启示弥足珍贵。我们要从新时代十年的伟大变革中进一步坚定历史自信,增强历史主动,汲取奋进力量,奋力谱写新时代中国特色社会主义更加绚丽的华章。

事非经过不知难,成如容易却艰辛。十年来,以习近平同志为核心的党中央团结带领全党全军全国各族人民撸起袖子加油干、风雨无阻向前行,义无反顾进行具有许多新的历史特点的伟大斗争,采取一系列战略性举措,推进一系列变革性实践,实现一系列突破性进展,取得一系列标志性成果,经受住了来自政治、经济、意识形态、自然界等方面的风险挑战考验,党和国家事业取得历史性成就、发生历史性变革,推动我国迈上全面建设社会主义现代化国家新征程。

创立了习近平新时代中国特色社会主义思想,全面加强党的领导,实现了小康这个中华民族的千年梦想,对新时代党和国家事业发展作出科学完整的战略部署，提出并贯彻新发展理念，以巨大的政治勇气全面深化改革，实行更加积极主动的开放战略，坚持走中国特色社会主义政治发展道路，确立和坚持马克思主义在意识形态领域指导地位的根本制度，深入贯彻以人民为中心的发展思想，坚持绿水青山就是金山银山的理念，贯彻总体国家安全观，确立党在新时代的强军目标，全面准确推进"一国两制"实践，全面推进中国特色大国外交，深入推进全面从严治党……在以习近平同志为核心的党中央坚强领导下，全党全军全国各族人民团结奋斗、攻坚克难，以奋发有为的精神把新时代中国特色社会主义不断推向前进，为实现中华民族伟大复兴提供了更为完善的制度保证、更为坚实的物质基础、更为主动的精神力量。

今日之中国，江山壮丽、人民豪迈、前程远大。走过百年奋斗历程的中国共产党在革命性锻造中更加坚强有力，在坚持和发展中国特色社会主义的历史进程中始终成为坚强领导核心。中国人民的前进动力更加强大、奋斗精神更加昂扬、必胜信念更加坚定，中国共产党和中国人民正信心百倍推进中华民族从站起来、富起来到强起来的伟大飞跃。改革开放和社会主义现代化建设深入推进，实现中华民族伟大复兴进入了不可逆转的历史进程。科学社会主义在二十一世纪的中国焕发出新的蓬勃生机，中国式现代化为人类实现现代化提供了新的选择，中国共产党和中国人民为解决人类面临的共同问题提供更多更好的中国智慧、中国方案、中国力量，为人类和平与发展崇高事业作出新的更大的贡献。历史和现实深刻昭示，新时代十年的伟大变革，在党史、新中国史、改革开放史、社会主义发展史、中华民族发展史上具有里程碑意义。

十年风雨兼程，十年砥砺奋进。新时代的伟大成就是党和人民一道拼出来、干出来、奋斗出来的。党和国家事业不断开创新局面、取得举世瞩目的重大成就，最根本的原因在于有习近平总书记作为党中央的核心、全党的核心掌舵领航，在于有习近平新时代中国特色社会主义思想科学指引。

党用伟大奋斗创造了百年伟业，也一定能用新的伟大奋斗创造新的伟业。新征程上，让我们高举中国特色社会主义伟大旗帜，更加紧密地团结在以习近平同志为核心的党中央周围，全面贯彻习近平新时代中国特色社会主义思想，弘扬伟大建党精神，自信自强、守正创新，踔厉奋发、勇毅前行，为全面建设社会主义现代化国家、全面推进中华民族伟大复兴而团结奋斗。

（新华社北京 2022 年 10 月 16 日电　新华社评论员）

第二章

实现中华民族伟大复兴的必由之路
——中国特色社会主义

沿着中国特色社会主义道路实现伟大梦想

——二论深刻把握"五个必由之路"的重要认识

方向决定道路，道路决定命运。在参加十三届全国人大五次会议内蒙古代表团审议时，习近平总书记指出"中国特色社会主义是实现中华民族伟大复兴的必由之路"，引发广泛共鸣。

走自己的路，是党的全部理论和实践立足点，更是党百年奋斗得出的历史结论。党的十九届六中全会通过的党的第三个历史决议总结党百年奋斗的历史经验，其中一条就是"坚持中国道路"。回溯近代以来中国发展的历史脉络，举什么旗、走什么路，一直是中国追求民族独立、人民解放和民族复兴的重要命题。中国特色社会主义是党和人民历经千辛万苦、付出巨大代价取得的根本成就。在中华人民共和国成立70多年的持续探索中，在改革开放40多年的成功实践中，我们最终找到了中国特色社会主义这一实现中华民族伟大复兴的正确道路。历史和实践充分证明，只有社会主义才能救中国，只有社会主义才能发展中国，只有坚持和发展中国特色社会主义才能实现中华民族伟大复兴。

鞋子合不合脚，自己穿着才知道。在党的领导下，沿着中国特色社会主义道路砥砺奋进，中国人民创造了世所罕见的经济快速发展和社会长期稳定两大奇迹，不断引发世界对"中国为什么能"的追问与思考。实践启示我们，中国特色社会主义道路开拓于中国人民共同奋斗，扎根于中华大地，给中国人民带来幸福安宁，给国家和民族带来繁荣昌盛。我们党带领中国人民坚持和发展中国特色社会主义，创造了人类文明新形态，创造了中国式现代化新道路，不仅为中华民族伟大复兴开辟了光明前景，也拓展了发展中国家走向现代化的途径，为解决人类问题贡献了中国智慧和中国方案。

"不审天下之势，难应天下之物"。党的十八大以来，中国特色社会主义进入新时代。中国特色社会主义新时代是我国发展新的历史方位。新征程上，国内外形势纷繁复杂，风险与挑战层出不穷，不断把中国特色社会主义事业推向前进，必须付出更加艰辛的努力。越是"乱花渐欲迷人眼"，就越要辨明历史方位、把握发展大势，做到"咬定青山不放松"。深刻把握"五个必由之路"的重要认识，就要更加自觉地增强道路自信，保持志不改、道不变的坚定，既不走封闭僵化的老路，也不走改旗易帜的邪路，始终不渝走中国特色社会主义道路，把中国发展进步的命运牢牢掌握在自己手中。

"只要路走对了，就不怕遥远。"坚持和发展中国特色社会主义是一篇大文章，新时代中国共产党人的任务，就是久久为功、驰而不息把这篇大文章写下去。新的征程上，坚持和发展中国特色社会主义，必须坚持党的基本理论、基本路线、基本方略，统筹推进"五位一体"总体布局、协调推进"四个全面"战略布局，全面深化改革开放，立足新发展阶段，完整、准确、全面贯彻新发展理念，构建新发展格局，推动高质量发展，推进科技自立自强，保证人民当家作主，坚持依法治国，坚持社会主义核心价值体系，坚持在发展中保障和改善民生，坚持人与自然和谐共生，协同推进人民富裕、国家强盛、中国美丽，让中国特色社会主义不断彰显巨大优越性和强大生命力。

脚踏中华大地，传承中华文明，我们走自己的路，具有无比广阔的舞台，具有无比深厚的历史底蕴，具有无比强大的前进定力。让我们更加紧密地团结在以习近平同志为核心的党中央周围，沿着中国特色社会主义道路坚定不移走下去，在不懈奋斗中实现中华民族伟大复兴的中国梦。

（新华社北京2022年3月11日电　新华社评论员）

人间正道　必由之路
——党的二十大代表谈坚定不移走中国特色社会主义道路

这是站在新的历史起点上的庄严宣示——

"既不走封闭僵化的老路，也不走改旗易帜的邪路，坚持把国家和民族发展放在自己力量的基点上，坚持把中国发展进步的命运牢牢掌握在自己手中"；

这是意气风发迈上新征程的伟大动员——

"从现在起，中国共产党的中心任务就是团结带领全国各族人民全面建成社会主义现代化强国、实现第二个百年奋斗目标，以中国式现代化全面推进中华民族伟大复兴"！

在向第二个百年奋斗目标进军的关键时刻，习近平总书记在党的二十大报告中举旗定向、凝心聚力，号召全党同志不忘初心、牢记使命，谱写新时代中国特色社会主义更加绚丽的华章。

中国特色社会主义道路不仅走得对、走得通，而且走得稳、走得好

方向决定道路，道路决定命运。

17日，习近平总书记在参加广西代表团讨论时深刻指出，实践证明，党的十八大以来党中央的大政方针和工作部署是完全正确的，中国特色社会主义道路是符合中国实际、反映中国人民意愿、适应时代发展要求的，不仅走得对、走得通，而且走得稳、走得好。

这条路，造福亿万人民——

用上 5G 信号、打通公路隧道、接入南方大电网……云南独龙江偏僻山乡的发展巨变，让独龙族脱贫"带头人"高德荣代表感慨不已："进入新时代，独龙族整族脱贫，实现了与全国其他兄弟民族一道过上小康生活的美好梦想！'直过民族'一步越千年！"

独龙江峡谷屏风九叠，滔滔江水如野马奔腾隔开两岸。这片"险远之地"曾是与世隔绝的"孤岛"。

"以前我出门到州里读书，滑着溜索，花了三天三夜才走出独龙江。"高德荣说，"正是中国特色社会主义道路，让独龙江的道路更加通畅便捷。"

党的十八大以来，以习近平同志为核心的党中央不断深化对社会主义建设规律的认识，带领全国各族人民攻坚克难、开拓进取，打赢了人类历史上最大规模脱贫攻坚战，在中华大地上全面建成小康社会。党和国家事业取得历史性成就、发生历史性变革，推动我国迈上全面建设社会主义现代化国家新征程。

中国特色社会主义在中国取得巨大成功，焕发出蓬勃生机活力。

这条路，扎根中华大地——

刚刚过去的国庆假期，"奋进新时代"主题成就展成为热门打卡地。

深切感受祖国腾飞的巨变，有参观者在留言簿上写道："我们所走的中国特色社会主义道路，是一条光明之路、希望之路，是'人间正道'。"

中国特色社会主义不是从天上掉下来的，而是党和人民历经千辛万苦、付出各种代价取得的宝贵成果。得到这个成果极不容易。

"中国有着独特的文化传统、历史命运、现实国情，这注定了中国必然要走适合自己特点的发展道路。"二十大代表、中共中央党史和文献研究院院长曲青山认为，我们的道路自信、理论自信、制度自信、文化自信，来源于实践、来源于人民、来源于真理。

"历史和实践证明，中国特色社会主义是根植于中国大地、反映中国人民意愿、适应中国和时代发展进步要求的科学社会主义。"二十大代表、安徽师范大学马克思主义学院教授路丙辉说。

这条路，通往伟大复兴——

当前，世界百年未有之大变局加速演进，中华民族伟大复兴进入关键时期，我们比历史上任何时期都更接近、更有信心和能力实现中华民族伟大复兴的目标，同时也必须准备付出更为艰巨、更为艰苦的努力。

"未来五年是全面建设社会主义现代化国家开局起步的关键时期。"

我国发展进入战略机遇和风险挑战并存、不确定难预料因素增多的时期，各种"黑天鹅"、"灰犀牛"事件随时可能发生。我们必须增强忧患意识，坚持底线思维，做到居安思危、未雨绸缪，准备经受风高浪急甚至惊涛骇浪的重大考验。

二十大报告科学审视当今世界和当代中国发展大势，科学把握我们面临的战略机遇和风险挑战，全面把握新时代新征程党和国家事业发展新要求、人民群众新期待，从战略全局上对党和国家事业作出规划和部署，指引全党全军全国各族人民坚定历史自信、增强历史主动，奋力开创中国特色社会主义新局面，坚定不移推进中华民族伟大复兴历史进程。

二十大代表，雄安新区党工委副书记、管委会常务副主任田金昌说："中国特色社会主义是中国共产党和中国人民团结的旗帜、奋进的旗帜、胜利的旗帜。我们必须牢牢坚持中国特色社会主义道路，坚定道路自信，咬定青山不放松，努力开创雄安新区高标准高质量建设发展新局面。"

一路披荆斩棘，一路凯歌行进。

我们走自己的路，具有无比广阔的舞台，具有无比深厚的历史底蕴，具有无比强大的前进定力。

中国特色社会主义是实现中华民族伟大复兴的必由之路

习近平总书记在二十大报告中明确提出中国式现代化的本质要求，

其中第二条就是"坚持中国特色社会主义"。

党的十八大以来,以习近平同志为核心的党中央带领全党全国各族人民坚定"四个自信"、把握大势全局,为坚持和发展中国特色社会主义举旗定向,牢牢把命运掌握在自己手中。

"爷爷辈造蒸汽机车,父辈造绿皮火车,我造高速动车组列车。"二十大代表、中车青岛四方机车车辆股份有限公司钳工首席技师郭锐一家三代都是铁路人。

作为中国第一代高铁工人,郭锐和他所在的团队为1600多列高速动车组装配转向架。如今,这些列车已经安全运行超过40亿公里。

"交通之变,折射的是一个国家和民族史诗般的巨变。"郭锐说,"铁路网越织越密,高铁的速度更是不断提升,这让我真切感受到了华夏大地澎湃着持续发展的活力与激情。"

路走对了,就不怕水远山高。新时代绘就出波澜壮阔的时代画卷:经济实力、科技实力、综合国力和人民生活水平跃上新的台阶,稳居世界第二大经济体;"嫦娥"落月、"天问"探火、神舟飞天,一个个重大工程体现我国雄厚实力……

正是沿着中国特色社会主义道路砥砺奋进,中国人民创造了世所罕见的经济快速发展和社会长期稳定两大奇迹。实践充分证明,中国特色社会主义是实现中华民族伟大复兴的唯一正确道路。

"从事了30多年的菌草研究,我的菌草梦说到底就是脱贫梦、生态梦。"二十大代表、福建农林大学教授林占熺说,"'绿水青山就是金山银山'的理念已经成为全社会共识,绿色成为美丽中国更加亮丽厚重的底色。"

立足时代之基、回答时代之问、引领时代之变,我们党深刻总结并充分运用党成立以来的历史经验,从新的实际出发,创立了习近平新时代中国特色社会主义思想,实现了马克思主义中国化时代化新的飞跃。

新时代万象更新、日新月异，党和国家事业之所以能够取得历史性成就、发生历史性变革，根本在于习近平总书记掌舵领航，在于习近平新时代中国特色社会主义思想科学指引。

北京冬奥会、冬残奥会成功举办，兑现了我们对国际社会的庄严承诺。二十大代表、国际奥委会委员张虹感触很深："北京冬奥会、冬残奥会令世界惊叹。共同参与、群策群力，正是集中力量办大事的制度优势。"

从党的十八届三中全会作出全面深化改革的顶层设计，到党的十八届四中全会部署全面依法治国，再到党的十九届四中全会作出 13 方面制度安排，系统描绘中国特色社会主义制度图谱……

支撑中国特色社会主义制度的根本制度不断筑牢、基本制度更加完善、重要制度不断创新，各领域基础性制度框架基本确立，系统完备、科学规范、运行有效的制度体系日渐成型，为实现中华民族伟大复兴提供了更为完善的制度保证。

二十大报告指出，坚持和发展马克思主义，必须同中华优秀传统文化相结合。只有植根本国、本民族历史文化沃土，马克思主义真理之树才能根深叶茂。

"中华文明博大精深、源远流长。把中华优秀传统文化传承好，把莫高窟保护好，这是我们应尽的责任和义务。"二十大代表、敦煌研究院党委书记赵声良说，"我们要以时代精神激活中华优秀传统文化的生命力，为民族复兴征程积蓄更为强大的精神力量。"

源自于源远流长的中华优秀传统文化，熔铸于党领导人民创造的革命文化和社会主义先进文化，植根于中国特色社会主义伟大实践……中国特色社会主义文化已经融入中国共产党的精神血脉，形塑着亿万中国人的精神气质。

复兴路上，精神如炬，信念如磐。

以奋发有为的精神把新时代中国特色社会主义不断推向前进

新征程上，坚持以习近平新时代中国特色社会主义思想为指导，坚定不移贯彻、与时俱进拓展中国特色社会主义，这条正确之路、必由之路必将越走越宽广。

山西省忻州市代县峪口镇段家湾村，这个曾经远近闻名的贫困村，如今已成为十里八乡数得上的美丽乡村。

"大伙儿都说，村里这些年的巨变，离不开党的坚强领导，离不开党中央的好政策。段家湾要永远跟党走。"二十大代表、段家湾村党支部书记刘桂珍说。

二十大报告指出，坚持党的全面领导是坚持和发展中国特色社会主义的必由之路。

"在多年对外宣传介绍中国共产党的过程中，外国人问得最多的问题就是'中国共产党为什么能'。"二十大代表、中央党校（国家行政学院）分管日常工作的副校（院）长谢春涛认为，中国共产党领导，是中国特色社会主义最本质的特征，是中国特色社会主义制度的最大优势。

二十大新闻中心内，摆放着多语种版《习近平谈治国理政》，成为深受外媒记者欢迎的热门图书。

国际社会认为，这部权威著作为世界读懂中国打开了重要的"思想之窗"。

习近平新时代中国特色社会主义思想书写了坚持和发展中国特色社会主义的崭新篇章，让中国特色社会主义不断彰显巨大优越性和强大生命力。

实践发展永无止境，理论创新永无止境。

坚持和发展中国特色社会主义是一篇大文章。习近平总书记强调，我们这一代共产党人的任务，就是继续把这篇大文章写下去。

继续推进实践基础上的理论创新，首先要把握好习近平新时代中国特色社会主义思想的世界观和方法论，坚持好、运用好贯穿其中的立场观点方法。二十大报告鲜明提出六个坚持——坚持人民至上、坚持自信自立、坚持守正创新、坚持问题导向、坚持系统观念、坚持胸怀天下。

"中国共产党为什么能，中国特色社会主义为什么好，归根到底是马克思主义行，是中国化时代化的马克思主义行……"二十大代表、郑州大学思政课教师周荣方的笔记本里，写下聆听报告的收获感悟：作为一名思政教育工作者，将继续深入基层，以"行走的思政课"推动党的创新理论"飞入寻常百姓家"。

"党的好政策让我们吃上了'茶香饭'，走上了'幸福路'。我们对实现共同富裕充满了希望，鼓足了干劲！"来自广西苍梧县山坪村的祝雪兰代表，谈起边远瑶寨发展茶产业带来的巨大变化，激动之情溢于言表。

二十大报告强调，坚持以人民为中心的发展思想。不断实现发展为了人民、发展依靠人民、发展成果由人民共享，让现代化建设成果更多更公平惠及全体人民。

报告描绘了全面建设社会主义现代化国家、实现第二个百年奋斗目标的宏伟蓝图。新征程的美好明天，鼓舞砥砺奋进的信心。

二十大代表、福州市鼓楼区军门社区党委书记林丹充满信心："我们心往一处想、劲往一处使，撸起袖子加油干，一定会开创更加美好的未来！"

在以习近平同志为核心的党中央坚强领导下，亿万人民沿着中国特色社会主义大道奋勇前进，必将在新时代新征程上赢得更加伟大的胜利和荣光！

（新华社北京2022年10月20日电　新华社记林晖、史竞男、胡浩、王鹏、康森）

真理之光照亮复兴之路

——从党的二十大看实现马克思主义中国化时代化新的飞跃

一个民族要走在时代前列，就一刻不能没有理论思维，一刻不能没有正确思想指引。

"我们创立了新时代中国特色社会主义思想，明确坚持和发展中国特色社会主义的基本方略，提出一系列治国理政新理念新思想新战略，实现了马克思主义中国化时代化新的飞跃"。

习近平总书记在二十大报告中的鲜明宣示，标注出新时代中国共产党人深刻的历史自信和历史自觉。

高擎真理火炬，方能洞见前路。

在习近平新时代中国特色社会主义思想指引下，全党全国各族人民以更加彻底的精神主动、历史主动、发展主动，昂扬奋进全面建设社会主义现代化国家新征程，向着第二个百年奋斗目标、向着中华民族伟大复兴中国梦勇毅前行。

开辟马克思主义中国化时代化新境界

——习近平新时代中国特色社会主义思想是当代中国马克思主义、二十一世纪马克思主义，是中华文化和中国精神的时代精华

2022年10月16日上午，曾见证无数重大历史时刻的人民大会堂，又一次激荡时代强音：

"新时代十年的伟大变革,在党史、新中国史、改革开放史、社会主义发展史、中华民族发展史上具有里程碑意义。"

习近平总书记向大会作报告时的豪迈宣告,响彻在党的二十大全体与会者耳畔,响彻在新时代中国大地上。

"实现了小康这个中华民族的千年梦想""历史性地解决了绝对贫困问题""我国经济实力实现历史性跃升""人民生活全方位改善"……

报告中一句句凝练而厚重的概括,折射新时代中国特色社会主义的伟大成就。

报告指出,中国共产党为什么能,中国特色社会主义为什么好,归根到底是马克思主义行,是中国化时代化的马克思主义行。

"党的十八大以来党和国家事业取得历史性成就、发生历史性变革,最根本的在于有习近平总书记作为党中央的核心、全党的核心掌舵领航,在于有习近平新时代中国特色社会主义思想科学指引。"二十大代表、中央党史和文献研究院副院长黄一兵说。

跨入新时代,国内外形势新变化和实践新要求,迫切需要中国共产党人从理论和实践的结合上深入回答关系党和国家事业发展、党治国理政的一系列重大时代课题。

以习近平同志为主要代表的新时代中国共产党人,勇于进行理论探索和创新,以全新的视野深化对共产党执政规律、社会主义建设规律、人类社会发展规律的认识,取得重大理论创新成果,集中体现为习近平新时代中国特色社会主义思想。

"在十八洞村的脱贫故事里,能深刻感悟'精准扶贫'的思想力量。"二十大代表、湖南省花垣县十八洞村党支部书记、村委会主任施金通由衷感言。

如今的十八洞村,已实现从一个贫困苗寨到精准扶贫样板的蝶变。

2013年11月,正是在十八洞村,习近平总书记首次提出"精准扶贫",引领亿万人民打响一场伟大的反贫困斗争。

思想之意义，正在于应历史之变，解时代之问。

用马克思主义之"矢"射新时代中国之"的"，习近平新时代中国特色社会主义思想以一系列原创性的治国理政新理念新思想新战略，为党和国家事业发展提供科学指引：

提出坚持和加强党的全面领导、推进党的自我革命；

提出坚持和完善社会主义基本经济制度，充分发挥市场在资源配置中的决定性作用，更好发挥政府作用；

提出坚持和完善中国特色社会主义制度、推进国家治理体系和治理能力现代化；

……

"习近平新时代中国特色社会主义思想是从新时代中国特色社会主义全部实践中产生的理论结晶，是马克思主义基本原理同中国具体实际相结合、同中华优秀传统文化相结合的最新成果。"党史专家欧阳淞说。

"科学社会主义在二十一世纪的中国焕发出新的蓬勃生机"，习近平总书记在报告中的重大论断掷地有声。

身处会场，二十大代表、李大钊之孙李宏塔感慨万千："一代代中国共产党人不断推进马克思主义中国化时代化，在世界上高高举起了中国特色社会主义伟大旗帜。"

社会主义从来都是在开拓中前进的。

世界社会主义500年，从空想到科学、从理论到实践、从一国到多国，既有凯歌行进的高潮，也有曲折探索的艰辛。

当时间列车行进到二十一世纪，当中国特色社会主义进入新时代，中国共产党带领人民实现第一个百年奋斗目标，向着全面建成社会主义现代化强国的第二个百年奋斗目标迈进……习近平新时代中国特色社会主义思想的实践深刻改变了中国，也极大丰富了马克思主义。

"中国特色社会主义取得巨大成功，谱写了世界社会主义500年来最精彩的华章。"全国人大社会建设委员会主任委员何毅亭说，新时代中国特色社会主义成为世界社会主义走向振兴的中流砥柱。

四川眉山，三苏祠，承载千年文脉，在新时代愈发闪亮。

今年6月，习近平总书记在这里考察时指出："一滴水可以见太阳，一个三苏祠可以看出我们中华文化的博大精深。"

"总书记从文化自信谈到道路自信，强调'中华民族有着五千多年悠久文明历史的深厚底蕴，我们带领人民走的是中国特色社会主义道路'。"回忆当时情景，二十大代表、眉山市委书记胡元坤感触尤深。

只有植根本国、本民族历史文化沃土，马克思主义真理之树才能根深叶茂。

品读习近平总书记所作的报告，中华文化的深厚底蕴扑面而来："坚持以人民为中心的发展思想"，蕴含"治国有常，利民为本"的深意；"促进人与自然和谐共生"，浸润"天人合一"的智慧；"尊重世界文明多样性"，展现"协和万邦"的博大胸怀……

报告强调，"把马克思主义思想精髓同中华优秀传统文化精华贯通起来、同人民群众日用而不觉的共同价值观念融通起来，不断赋予科学理论鲜明的中国特色"。

"习近平新时代中国特色社会主义思想充盈着浓郁的中国味、深厚的中华情、浩然的民族魂，具有强大的历史穿透力、文化感染力和精神感召力，是当之无愧的中华文化和中国精神的时代精华。"二十大代表、山东社会科学院文化研究所所长张伟说。

思想的力量无远弗届。

当马克思主义以充沛活力和崭新形象展现于世，世界各国把更多目光投向东方——

提出"推动构建人类命运共同体"，表明"不断以中国新发展为世界提供新机遇，推动建设开放型世界经济，更好惠及各国人民"，强调"弘扬和平、发展、公平、正义、民主、自由的全人类共同价值"，报告为促进世界和平与发展贡献中国方案。

"习近平新时代中国特色社会主义思想内涵丰富、博大精深。"曾参与《习近平谈治国理政》英文编审工作的外文出版社外国专家大卫·弗格森表示，习近平新时代中国特色社会主义思想不仅为中国未来发展指引航向，世界也将从中得到启迪。

开创治国理政新局面
——用马克思主义的立场观点方法观察把握引领时代，习近平新时代中国特色社会主义思想在引领新时代中国实践中丰富和发展

继续推进实践基础上的理论创新，首先要把握好习近平新时代中国特色社会主义思想的世界观和方法论，坚持好、运用好贯穿其中的立场观点方法。

必须坚持人民至上、必须坚持自信自立、必须坚持守正创新、必须坚持问题导向、必须坚持系统观念、必须坚持胸怀天下，报告阐释的"六个必须"，正是开启习近平新时代中国特色社会主义思想的伟力，解答中国之问、世界之问、人民之问、时代之问的"金钥匙"。

上海，兴业路老石库门。党的二十大召开之际，中共一大纪念馆迎来一批批参观者。

时光如昨。五年前，2017年10月31日，习近平总书记带领十九届中共中央政治局常委来到这里，瞻仰一大会址，重温入党誓词，于沧桑历史中探寻初心，宣示坚定政治信念。

"在1920年9月印刷出版的《共产党宣言》中文全译本展柜前，总书记久久凝视。"二十大代表、中共一大纪念馆宣传教育部主任杨宇当时参与讲解，记忆犹新。"正如总书记所说，我们党的全部历史都是从中共一大开启的，我们走得再远都不能忘记来时的路。"

一个政党有了远大理想和崇高追求，才会自信自立、坚强有力，才能经受一次次挫折而又一次次奋起。

井冈山革命烈士陵园，红军长征会师纪念碑，四平战役纪念馆……党的十八大以来，习近平总书记在红色地标砥砺信仰的场景撼动人心。

强调"坚定理想信念是终身课题"；指出"坚定的理想信念，必须建立在对马克思主义的深刻理解之上，建立在对历史规律的深刻把握之上"……习近平总书记把坚定理想信念放在突出位置，带领全党全国人民奋进新征程。

"习近平新时代中国特色社会主义思想充满对马克思主义的坚定信仰，充满对社会主义、共产主义的坚定信念，充满'革命理想高于天'的豪迈情怀。坚定的理想信念体现了这一思想的马克思主义理论底色，体现了共产党人的政治本色。"黄一兵代表认为。

"江山就是人民，人民就是江山。"现场聆听报告，二十大代表、河北省阜平县骆驼湾村党支部书记顾瑞利感触深切。

发展食用菌、高山林果等产业，打造民宿旅游……今天的骆驼湾村，百姓腰包鼓了，房子新了，山更绿了，水更清了，脱贫后迈向乡村振兴的道路更加通达豁亮。

"这次来参加大会，我带着乡亲们沉甸甸的嘱托，报告我们的好日子。"顾瑞利代表说。

时针拨回到2012年11月15日。面对中外记者，新当选的中共中央总书记习近平庄严宣示："人民对美好生活的向往，就是我们的奋斗目标。"

10年夙夜在公，以习近平同志为核心的党中央听民声、察民情、汇民智、解民忧，以实际行动践行对人民的承诺。

脱贫"一个都不能少"，小康路上"一个都不能掉队"，在发展中保障和改善民生，全方位改善人民生活；

完善人民当家作主的制度体系，健全为人民执政、靠人民执政各项制度，真正使人民成为国家主人；

以民心定义"最大的政治"，铁腕惩腐，坚持"老虎""苍蝇"一起打,着力整治漠视侵害群众利益的问题……

"为民造福是立党为公、执政为民的本质要求",报告中的宣示,正是中国共产党人宗旨本色的集中写照。

"一切脱离人民的理论都是苍白无力的,一切不为人民造福的理论都是没有生命力的。"

二十大代表、上海交通大学医学院附属仁济医院呼吸科副主任医师查琼芳对报告中这句话共鸣强烈。曾在武汉战"疫"数十个日夜的她,亲身见证"从新生婴儿到百岁老人,每一个生命都得到全力护佑"。

"习近平总书记强调,把人民群众生命安全和身体健康放在第一位。我们从中深刻感受到,习近平新时代中国特色社会主义思想是书写在亿万人民心中的理论,是人民所喜爱、所认同、所拥有的理论。"查琼芳代表说。

"问题是时代的声音,回答并指导解决问题是理论的根本任务。"习近平总书记在报告中的重要论述发人深省。

面对党内一度存在的对坚持党的领导认识模糊、行动乏力,落实党的领导弱化、虚化、淡化等问题,提出坚持和加强党的全面领导,从理论和实践上鲜明回答;

基于对我国经济"三期叠加"的科学分析和准确判断,提出立足新发展阶段、贯彻新发展理念、构建新发展格局、推动高质量发展;

把脉经济发展与生态环境保护,以"绿水青山就是金山银山"理念,为建设美丽中国、转变经济发展方式、全面建设社会主义现代化国家提供有力思想指引……

新时代中国道路的每一步前行,中国大地上的每一处改变,都在深刻诠释着报告所提出的"中国的问题必须从中国基本国情出发,由中国人自己来解答"。

"十个明确""十四个坚持""十三个方面成就",翻开习近平新时代中国特色社会主义思想的厚重篇章,无不是运用马克思主义立场观点方法分析新时代中国特色社会主义的智慧结晶，无不彰显党的基本理论和指导思想与时俱进。

每秒钟就有一个集装箱进出港口，年货物吞吐量超12亿吨，连续13年蝉联世界第一……二十大代表、宁波舟山港集团董事长毛剑宏带来了这份成绩单。

"疫情发生两年多来，宁波舟山港深入长江经济带，串起欧亚大陆桥，在构建新发展格局中展现新作为。"毛剑宏代表说。

两年多前，在宁波舟山港调研后不久，习近平总书记根据对新形势的思考，提出"构建以国内大循环为主体、国内国际双循环相互促进的新发展格局"。这一着眼全局的战略谋划，成为把握发展主动权的先手棋。

"创新才能把握时代、引领时代"。创新思维，是习近平总书记强调的重要能力之一。

正如恩格斯指出，马克思的整个世界观不是教义，而是方法。深刻领悟习近平新时代中国特色社会主义思想，一系列科学方法隽永深长：

坚持战略思维，统筹推进"五位一体"总体布局，协调推进"四个全面"战略布局；

坚持辩证思维，正确处理改革发展稳定的关系，确立稳中求进工作总基调，统筹发展和安全；

运用底线思维，"凡事从最坏处着眼、向最好处努力，打有准备、有把握之仗"，坚决守住不发生重大风险的底线；

……

科学的思想，历经时间洗礼和实践检验而愈显光辉。

指引伟大复兴新航程——以习近平新时代中国特色社会主义思想为根本遵循和行动指南，不断谱写马克思主义中国化时代化新篇章

马克思说，一切都取决于它所处的历史环境。

"不断谱写马克思主义中国化时代化新篇章,是当代中国共产党人的庄严历史责任。"二十大报告发出新的号召。

理论的先进,是最彻底的先进;思想的主动,是最大的主动。

"正如习近平总书记在报告中强调的,拥有马克思主义科学理论指导是我们党坚定信仰信念、把握历史主动的根本所在。"杨宇代表说,新征程上形势越复杂,任务越艰巨,越要坚持以习近平新时代中国特色社会主义思想为指南,赢得优势、赢得主动、赢得未来。

"中国特色社会主义是实现中华民族伟大复兴的必由之路",报告鲜明指出。

广东深圳,目前正朝着中国特色社会主义先行示范区目标,以更大魄力、在更高起点上推进改革开放。

二十大代表、华大集团党委书记杜玉涛说,建设中国特色社会主义先行示范区,必须走更高水平的自力更生自主创新之路。"我们要抓住宝贵发展机遇,继续坚持理论和实践创新,以更好的发展成绩不断彰显中国特色社会主义制度优势。"

报告强调,坚持中国特色社会主义道路。既不走封闭僵化的老路,也不走改旗易帜的邪路,坚持把国家和民族发展放在自己力量的基点上,坚持把中国发展进步的命运牢牢掌握在自己手中。

"最根本的是要把我们自己的事情做好,这是坚定不移走自己的路、应对各种风险挑战的关键。"二十大代表、广西科学院广西生物科学与技术研究中心副主任王青艳说,要朝着习近平新时代中国特色社会主义思想指引的方向,为不断开创坚持和发展中国特色社会主义新局面作出贡献。

报告强调,从现在起,中国共产党的中心任务就是团结带领全国各族人民全面建成社会主义现代化强国、实现第二个百年奋斗目标,以中国式现代化全面推进中华民族伟大复兴。

"报告关于中国式现代化的鲜明论断和战略部署,极大深化了全党对社会主义现代化建设规律的认识,是习近平新时代中国特色社会主义思想的最新发展,为新时代全面建设社会主义现代化国家指明了方向。"黄一兵代表说。

中国共产党领导的社会主义现代化,既有各国现代化的共同特征,更有基于自己国情的中国特色。

"共同富裕是个长期过程,既要久久为功也要时不我待。"二十大代表、浙江省宁波市奉化区萧王庙街道滕头村党委书记、村委会主任傅平均说,要探索各种发展方式,打造共同富裕示范区的样板,带动更多人富起来,"这是我们追求的目标"。

作为生态环境监测领域的代表参加党的二十大,北京市生态环境监测中心党委书记、主任刘保献倍感振奋:"我国生态文明建设取得明显成效,人与自然和谐共生理念深入人心,充分昭示了中国式现代化道路之于中华民族永续发展的深远意义。"

全面建设社会主义现代化国家、全面推进中华民族伟大复兴,关键在党。

二十大代表、广东省佛山市禅城区古灶村党委书记、村委会主任陆秀兴对此深有体会:

近年来,古灶村确立"党建作统领,经济民生作两翼"思路,将一度组织涣散、矛盾重重的"问题村"变成集体收入过亿元的全省乡村治理示范村。

"要落实新时代党的建设总要求,持之以恒推进全面从严治党,始终保持党同人民群众的血肉联系,团结带领人民群众啃下发展路上一个又一个'硬骨头'。"陆秀兴代表说。

坚持和加强党中央集中统一领导、坚持不懈用习近平新时代中国特色社会主义思想凝心铸魂、完善党的自我革命制度规范体系……报告对新时代党的建设作出全面部署。

"全面加强党的领导,必须确保党中央权威和集中统一领导,确保党发挥总揽全局、协调各方的领导核心作用。"二十大代表、南京航空航天大学马克思主义学院党委书记徐川说,要自觉用习近平新时代中国特色社会主义思想武装头脑、指导实践,坚决捍卫"两个确立",忠实践行"两个维护",让我们党永葆生机活力、走好新的赶考之路。

(新华社北京2022年10月18日电 新华社记者邹伟、安蓓、张辛欣、高蕾、潘洁、叶前)

让当代中国马克思主义放射出更加灿烂的真理光芒
——"十个明确"彰显马克思主义中国化新飞跃

习近平新时代中国特色社会主义思想是当代中国马克思主义、二十一世纪马克思主义,是中华文化和中国精神的时代精华,实现了马克思主义中国化新的飞跃。

党的十九届六中全会审议通过《中共中央关于党的百年奋斗重大成就和历史经验的决议》,用"十个明确"概括了习近平新时代中国特色社会主义思想的核心内容。

习近平新时代中国特色社会主义思想深刻回答了新时代坚持和发展什么样的中国特色社会主义、怎样坚持和发展中国特色社会主义,建设什么样的社会主义现代化强国、怎样建设社会主义现代化强国,建设什么样的长期执政的马克思主义政党、怎样建设长期执政的马克思主义政党等重大时代课题,提出一系列原创性的治国理政新理念新思想新战略。深入领会"十个明确",准确把握习近平新时代中国特色社会主义思想蕴含的原创性贡献,是新征程上我们把握历史主动、创造新的胜利的根本保证。

"坚定不移走这条道路、与时俱进拓展这条道路,推动中国特色社会主义道路越走越宽广"

中国特色社会主义进入新时代是我国发展新的历史方位。

党的十八大以来,以习近平同志为核心的党中央统筹把握中华民族伟大复兴战略全局和世界百年未有之大变局,团结带领亿万人民承前启后、继往开来,在新的历史条件下继续夺取中国特色社会主义伟大胜利。

新时代坚持和发展什么样的中国特色社会主义、怎样坚持和发展中国特色社会主义?习近平总书记进行了深邃思考。

明确"中国共产党领导"是中国特色社会主义最本质的特征、中国特色社会主义制度的最大优势——

习近平总书记深刻指出:"中国共产党领导是中国特色社会主义最本质的特征,是中国特色社会主义制度的最大优势,是党和国家的根本所在、命脉所在,是全国各族人民的利益所系、命运所系。"

中国共产党是中国特色社会主义事业的领导核心,处在总揽全局、协调各方的地位。

以习近平同志为核心的党中央深刻揭示党的领导与中国特色社会主义的相互关系,标志着我们党对马克思主义建党学说和社会主义发展规律的认识达到新的高度。

把"党政军民学,东西南北中,党是领导一切的"写入党章,把"中国共产党领导是中国特色社会主义最本质的特征"写入宪法……

在党中央组建一系列顶层机构,全面加强党对全面深化改革、全面依法治国、财经、外事、国家安全、网信等重大工作的领导;将党的领导贯彻和融入到意识形态、国有企业治理、高校领导体制、群团组织建设等各领域各方面工作之中……

一系列基础性、创制性、战略性举措,使党中央真正成为坐镇中军帐的"帅",车马炮各展其长,一盘棋大局分明。全党上下"如身使臂,如臂使指,叱咤变化,无有留难"。

擘画中国特色社会主义事业"五位一体"总体布局和"四个全面"战略布局,强调坚定"四个自信"——

2014年12月,习近平总书记在江苏调研时,将"全面建成小康社会、全面深化改革、全面推进依法治国、全面从严治党"并提，明确了我们党治国理政的战略布局。

党的十九大明确，中国特色社会主义事业总体布局是"五位一体"、战略布局是"四个全面"，强调坚定道路自信、理论自信、制度自信、文化自信。

站在历史的交汇点上，党的十九届五中全会为"十四五"时期发展谋篇布局，"四个全面"战略布局中的首个"全面"由"全面建成小康社会"发展为"全面建设社会主义现代化国家"。

统筹推进"五位一体"总体布局，协调推进"四个全面"战略布局，以习近平同志为核心的党中央推动党和国家事业取得历史性成就、发生历史性变革，创造了一个又一个彪炳史册的奇迹。

着眼国家治理体系和治理能力现代化，为中国特色社会主义提供更加坚实的制度支撑——

经国序民，正其制度。

党的十八大以来，习近平总书记把制度建设摆到更加突出的位置，强调"构建系统完备、科学规范、运行有效的制度体系，使各方面制度更加成熟更加定型"。

2013年11月，具有划时代意义的党的十八届三中全会，首次提出"推进国家治理体系和治理能力现代化"这个重大命题。

党的十八届三中全会作出全面深化改革的顶层设计、四中全会专题研究全面依法治国，党的十九届三中全会拉开改革开放以来最大规模机构改革大幕、四中全会在党的历史上首次专题研究坚持和完善中国特色社会主义制度、推进国家治理体系和治理能力现代化问题……

九年多来，支撑中国特色社会主义制度的根本制度不断筑牢、基本制度更加完善、重要制度不断创新，各领域基础性制度框架基本确立，系统完备、科学规范、运行有效的制度体系日渐成型。

如期实现全面建成小康社会目标，历史性解决绝对贫困问题，开启全面建设社会主义现代化国家新征程；经济总量超过110万亿元，连年对世界经济增长贡献率超过30%；改革发展成果惠及更多百姓，天蓝、地绿、水清的"美丽中国"画卷徐徐展开……

"中国之制"充分转化为国家治理效能，成就了经济快速发展和社会长期稳定"两大奇迹"。

大道之行，壮阔无垠。

历史和现实充分证明，中国特色社会主义是实现中华民族伟大复兴的唯一正确道路。

"全面建成社会主义现代化强国的目标一定能够实现，中华民族伟大复兴的中国梦一定能够实现"

建设一个现代化的强国，是近代以来中国人矢志不渝的梦想。

从发展全过程人民民主，到推动人的全面发展、全体人民共同富裕取得更为明显的实质性进展；从贯彻新发展理念、构建新发展格局，到推动高质量发展；从新时代的强军目标，到中国特色大国外交……

习近平新时代中国特色社会主义思想指明了中国式现代化道路的新图景，深刻回答了建设什么样的社会主义现代化强国、怎样建设社会主义现代化强国的重大时代课题。

2021年7月1日，天安门城楼上，习近平总书记庄严宣告——

"经过全党全国各族人民持续奋斗，我们实现了第一个百年奋斗目标，在中华大地上全面建成了小康社会，历史性地解决了绝对贫困问题，正在意气风发向着全面建成社会主义现代化强国的第二个百年奋斗目标迈进。"

全面建设社会主义现代化强国，习近平总书记在党的十九大上清晰描绘时间表、路线图——

"在全面建成小康社会的基础上，分两步走在本世纪中叶建成富强民主文明和谐美丽的社会主义现代化强国"。

以中国式现代化推进中华民族伟大复兴，在一代又一代接续奋斗的基础上，作出新的"两步走"战略安排，不仅把原来第二个百年目标实现的时间表提前了15年，还提出了更高的目标、更高的追求。

"我们建设的现代化必须是具有中国特色、符合中国实际的"，习近平总书记深刻揭示中国式现代化的丰富内涵——

"我国现代化是人口规模巨大的现代化，是全体人民共同富裕的现代化，是物质文明和精神文明相协调的现代化，是人与自然和谐共生的现代化，是走和平发展道路的现代化"。

治国之道，富民为始。

2021年6月，《中共中央 国务院关于支持浙江高质量发展建设共同富裕示范区的意见》发布。"所有的人富裕"这一马克思、恩格斯对未来社会的美好设想，正在中国大地化为"共同富裕"的生动实践。

习近平总书记强调，共同富裕是社会主义的本质要求，是人民群众的共同期盼。

从脱贫攻坚"一个也不能少"的庄严承诺，到疫情防控"一个都不放弃"的全力救治；从"十三五"规划纲要把"坚持人民主体地位"作为首要原则，到"十四五"规划纲要将"全体人民共同富裕取得更为明显的实质性进展"作为奋斗目标……人民至上，是建设社会主义现代化强国的价值取向和力量源泉。

"现代化不是单选题。历史条件的多样性，决定了各国选择发展道路的多样性。"习近平总书记在对历史规律的深刻把握中，展现出马克思主义政治家、战略家的远见与自信。

对全面建设社会主义现代化强国，习近平总书记高瞻远瞩、把舵定向——

2012年12月，党的十八大后首次出京考察前往广东，习近平总书记思虑深远："我们建设现代化国家，走美欧老路是走不通的，再有几个地球也不够中国人消耗。"

九年后的几乎同一时间，中央经济工作会议上，习近平总书记强调："必须坚持高质量发展"。

九年多来，从作出新常态的重大判断，到推进供给侧结构性改革的重大部署，从创造性提出新发展理念的理论飞跃，到作出构建新发展格局的战略抉择……习近平总书记为马克思主义政治经济学注入新的时代内涵。

九年多来，实施创新驱动发展战略，引领文化建设，保障和改善民生，推进国防和军队现代化……习近平总书记提出的"健康中国""美丽中国""平安中国"等奋斗目标，汇成社会主义现代化强国的"大愿景"。

把握新发展阶段，贯彻新发展理念，构建新发展格局。

今天，"嫦娥探月""天问探火"等一项项大国重器夯实中国奔向现代化的底气，奔腾不息的长江黄河奏响新的澎湃乐章，昔日黄沙遮天的塞罕坝变成绿意盎然的林海，"一带一路"朋友圈不断壮大……在创新、协调、绿色、开放、共享的新发展理念指引下，中国高质量发展之路越走越宽广。

展望本世纪中叶，中国十几亿人口整体迈入现代化社会，将彻底改写现代化的世界版图，意义深远——

中华民族，将以更加昂扬的姿态屹立于世界民族之林，为促进人类进步作出更大贡献。

"我们探索出一条长期执政条件下解决自身问题、跳出历史周期率的成功道路"

"勇于自我革命是我们党区别于其他政党的显著标志，是党跳出治乱兴衰历史周期率、历经百年沧桑更加充满活力的成功秘诀。"

2022年1月20日，十九届中央纪委六次全会通过的公报鲜明指出百年大党永葆生机的奥秘。

70多年前，在陕北的窑洞，面对如何跳出历史周期率的问题，毛泽东同志给出了第一个答案："只有让人民起来监督政府，政府才不敢松懈"。

经过百年奋斗特别是党的十八大以来新的实践，习近平总书记提出"党的自我革命"这一重要命题，引领我们党用勇于自我革命的行动找到"窑洞之问"的"第二个答案"，充分体现了以习近平同志为核心的党中央对马克思主义建党学说的丰富发展，对共产党执政规律的认识达到新的高度。

时间回到九年前。世界百年变局加速演变，中华民族伟大复兴进入关键阶段，"四大考验"严峻复杂，"四种危险"尖锐深刻。

2012年11月15日，中外记者会聚北京人民大会堂东大厅。

镁光灯下，刚刚当选为中共中央总书记的习近平斩钉截铁地说："全党必须警醒起来。打铁还需自身硬。"

两天后，在主持十八届中共中央政治局第一次集体学习时，习近平总书记再次发出振聋发聩的警告：大量事实告诉我们，腐败问题越演越烈，最终必然会亡党亡国！

习近平总书记以革命者必先自我革命的坚定意志和决心，开启了新时代党的自我革命的伟大实践。

党的十八大以来的第十个年头，习近平总书记在十九届中央纪委六次全会上深刻指出：

"十年磨一剑，党中央把全面从严治党纳入'四个全面'战略布局，以前所未有的勇气和定力推进党风廉政建设和反腐败斗争，刹住了一些多年未刹住的歪风邪气，解决了许多长期没有解决的顽瘴痼疾，清除了党、国家、军队内部存在的严重隐患，管党治党宽松软状况得到根本扭转，探索出依靠党的自我革命跳出历史周期率的成功路径。"

依靠党的自我革命跳出历史周期率，必须旗帜鲜明讲政治，确保党不变色——

"全面从严治党首先要从政治上看，不能只讲腐败问题、不讲政治问题。"

习近平总书记提出新时代党的建设总要求，强调"以党的政治建设为统领""把党的政治建设摆在首位"，体现了对马克思主义政党建设规律认识的新飞跃。

万山磅礴，必有主峰。

2016年10月，党的十八届六中全会确立习近平同志为党中央的核心、全党的核心，正式提出以习近平同志为核心的党中央。

一年后，党的十九大把习近平新时代中国特色社会主义思想和习近平总书记的核心地位一同载入党章，写在党的旗帜上。

2021年11月，党的十九届六中全会通过的党的第三个历史决议指出，党确立习近平同志党中央的核心、全党的核心地位，确立习近平新时代中国特色社会主义思想的指导地位，反映了全党全军全国各族人民共同心愿，对新时代党和国家事业发展、对推进中华民族伟大复兴历史进程具有决定性意义。

新征程上，9500多万党员切实把"两个确立"的政治共识转化为"两个维护"的实际行动，就一定能够带领亿万中国人民战胜各种艰难险阻，在全面建设社会主义现代化国家新征程上创造新的时代辉煌、铸就新的历史伟业。

依靠党的自我革命跳出历史周期率，必须坚定不移反腐败，确保党不变质——

习近平总书记指出，只有以反腐败永远在路上的坚韧和执着，深化标本兼治，保证干部清正、政府清廉、政治清明，才能跳出历史周期率，确保党和国家长治久安。

从"打虎""拍蝇""猎狐"的震慑，到制度笼子的约束、精神之

"钙"的补足，再到一体推进不敢腐、不能腐、不想腐体制机制建设……

一系列重要安排，开拓了党长期执政条件下自我净化、自我完善、自我革新、自我提高的新境界。

依靠党的自我革命跳出历史周期率，必须驰而不息抓作风，确保党不变味——

2013年7月11日，细雨中的西柏坡草木葱茏。纪念馆内，习近平总书记在一块展板前驻足良久。

"不做寿，这条做到了；不送礼，这个还有问题，所以反'四风'要解决这个问题；少敬酒，现在公款吃喝得到遏制，关键是要坚持下去……"总书记边看展板边说。

对照中国共产党人"进京赶考"前定下的规矩，中央八项规定指向清晰、具体可行，引领了一场深刻的党风政风之变、党心民心之变。

全面推进党的政治建设、思想建设、组织建设、作风建设、纪律建设，把制度建设贯穿其中……党的十八大以来，党在革命性锻造中更加坚强，焕发出新的强大生机活力。

"置身这一历史巨变之中的中国人更有资格、更有能力揭示这其中所蕴含的历史经验和发展规律，为发展马克思主义作出中国的原创性贡献"

2022年2月20日晚，北京冬奥会闭幕，标志着疫情发生以来首次如期举办的全球综合性体育盛会圆满结束。

独具匠心的奥运村，令人惊叹的比赛场馆，非凡卓越的组织工作……国际奥委会主席巴赫用"真正无与伦比"来盛赞这场"伟大的盛会"。

北京冬奥会的成功，正是党领导人民推动经济社会发展取得历史性成就、发生历史性变革的浓缩写照，是以"十个明确"为核心内容的习近平新时代中国特色社会主义思想科学指引的必然结果。

伟大思想引领伟大事业，实践创新推动理论创新。

在庆祝改革开放40周年大会上，习近平总书记曾指出，我们要强化问题意识、时代意识、战略意识，用深邃的历史眼光、宽广的国际视野把握事物发展的本质和内在联系，紧密跟踪亿万人民的创造性实践，借鉴吸收人类一切优秀文明成果，不断回答时代和实践给我们提出的新的重大课题，让当代中国马克思主义放射出更加灿烂的真理光芒。

习近平新时代中国特色社会主义思想正是深刻总结并充分运用党成立以来的历史经验，从新的实际出发，以全新视野深化了对共产党执政规律、社会主义建设规律、人类社会发展规律的认识。

2020年3月，之江大地春寒料峭。

疫情发生后，习近平总书记首次实地考察复工复产。在世界货物吞吐量第一大港舟山港，总书记一路深入调研，进行着深邃的思考。

如何准确识变、科学应变、主动求变？

考察后不久，习近平总书记作出重大决策："构建以国内大循环为主体、国内国际双循环相互促进的新发展格局"。党的第三个历史决议，将这一重大决策纳入"十个明确"。

与伟大实践相结合，与时代发展同进步。

在党的十九大报告概括的"八个明确"基础上，党的十九届六中全会用"十个明确"对习近平新时代中国特色社会主义思想的核心内容作出进一步概括。

一系列战略思想和创新理念，是党对中国特色社会主义建设实践和理论创新的成果。

2022年1月27日，在山西瑞光热电有限责任公司考察调研时，习近平总书记谈到煤炭清洁化利用问题，明确提出要加快绿色低碳技术攻关，持续推动产业结构优化升级。

这是近半年来，总书记地方考察期间第三次调研能源企业。

绿色低碳，事关长远和全局。一系列考察与会议，着眼解决关系社会主义现代化强国建设的战略问题，习近平总书记以深远的战略眼光，作出战略部署，强调"完整准确全面贯彻新发展理念""坚定不移走生态优先、绿色低碳的高质量发展道路""如期实现碳达峰、碳中和目标"。

立足时代之基，回应时代之问，引领时代之变。

2013年11月26日，在山东曲阜的孔府和孔子研究院参观考察时，习近平总书记指出，"一个国家、一个民族的强盛，总是以文化兴盛为支撑的"。

站在坚定文化自信、实现民族复兴的高度，习近平总书记为传承发展中华优秀传统文化注入固本培元、立根铸魂的思想力量。

万物有所生，而独知守其根。

在庆祝中国共产党成立100周年大会上，习近平总书记首次提出，坚持把马克思主义基本原理同中国具体实际相结合、同中华优秀传统文化相结合。

立足中华民族伟大复兴战略全局，植根广袤中国大地和中华文化沃土，习近平新时代中国特色社会主义思想将对中华优秀传统文化地位和作用的认识提升到崭新高度，实现了马克思主义思想精髓与中华优秀传统文化精神特质的融会贯通。

思想如永恒灯塔，指引壮阔新征程。

2022年新年伊始，中央党校（国家行政学院）礼堂座无虚席。省部级主要领导干部学习贯彻党的十九届六中全会精神专题研讨班开班式在这里举行。

在这堂面向"关键少数"的"开年第一课"上，习近平总书记向全党发出号召：

"更好把坚持马克思主义和发展马克思主义统一起来，坚持用马克思主义之'矢'去射新时代中国之'的'，继续推进马克思主义基本原理同中国具体实际相结合、同中华优秀传统文化相结合，续写马克思主义中国化时代化新篇章。"

伟大思想与非凡事业彼此辉映，科学理论与伟大实践相互激荡。新征程上，以习近平新时代中国特色社会主义思想为指南，14亿多中国人民必将创造中华民族新的历史辉煌，书写人类文明新的精彩华章。

（新华社北京2022年2月23日电　新华社记者张晓松、胡浩、史竞男、丁小溪、黄玥）

牢牢把握过去5年工作和新时代10年伟大变革的重大意义

"要牢牢把握过去5年工作和新时代10年伟大变革的重大意义，牢牢把握新时代中国特色社会主义思想的世界观和方法论，牢牢把握以中国式现代化推进中华民族伟大复兴的使命任务，牢牢把握以伟大自我革命引领伟大社会革命的重要要求，牢牢把握团结奋斗的时代要求"。习近平总书记17日上午在参加党的二十大广西代表团讨论时发表重要讲话，提出的"五个牢牢把握"为我们学习贯彻党的二十大精神提供了重要遵循。

党的二十大是在全党全国各族人民迈上全面建设社会主义现代化国家新征程、向第二个百年奋斗目标进军的关键时刻召开的一次十分重要的大会。党的二十大报告进一步指明了党和国家事业的前进方向，是我们党团结带领全国各族人民在新时代新征程坚持和发展中国特色社会主义的政治宣言和行动纲领。"五个牢牢把握"，既总结过去，更面向未来，既有"怎么看"的认识论，又有"怎么办"的方法论，既明确任务目标，又指明前进方向，构成一个相互联系、相辅相成的整体。

过去5年和新时代以来的10年，在党和国家发展进程中极不寻常、极不平凡。5年来，以习近平同志为核心的党中央统筹中华民族伟大复兴战略全局和世界百年未有之大变局，就党和国家事业发展作出重大战略部署，团结带领全党全军全国各族人民有效应对严峻复杂的国际形势和接踵而至的巨大风险挑战，以奋发有为的精神把新时代中国特色社会主义不断推向前进。10年来，面对影响党长期执政、国家长治久安、人民幸福安康的突出矛盾和问题，以习近平同志为核心的党中央审时度势、果敢抉择、锐意进取、攻坚克难，团结带领全党全军全国各族人民撸起袖子加油干、风雨无阻向前行，义无反顾进行具有许多新的历史特点的伟大斗争。

从创立习近平新时代中国特色社会主义思想，实现马克思主义中国化时代化新的飞跃，到全面加强党的领导，深入推进全面从严治党；从打赢人类历史上规模最大的脱贫攻坚战，实现小康这个中华民族的千年梦想，到我国经济实力实现历史性跃升，许多领域实现历史性变革、系统性重塑、整体性重构；从全面发展全过程人民民主，全面依法治国总体格局基本形成，到意识形态领域形势发生全局性、根本性转变；从建成世界上规模最大的教育体系、社会保障体系、医疗卫生体系，到生态环境保护发生历史性、转折性、全局性变化；从全面准确推进"一国两制"实践，到全面推进中国特色大国外交，推动构建人类命运共同体……我们党团结带领人民采取一系列战略性举措，推进一系列变革性实践，实现一系列突破性进展，取得一系列标志性成果，攻克了许多长期没有解决的难题，办成了许多事关长远的大事要事，经受住了来自政治、经济、意识形态、自然界等方面的风险挑战考验，党和国家事业取得历史性成就、发生历史性变革，推动我国迈上全面建设社会主义现代化国家新征程。

事非经过不知难，成如容易却艰辛。这10年，有涉滩之险，有爬坡之艰，有闯关之难。在以习近平同志为核心的党中央坚强领导下，全党全国各族人民勠力同心、团结奋斗，党和国家事业取得举世瞩目的重大成就。新时代10年的伟大变革，在党史、新中国史、改革开放史、社会主义发展史、中华民族发展史上具有里程碑意义。实践证明，党的十八大以来党中央的大政方针和工作部署是完全正确的，中国特色社会主义道路是符合中国实际、反映中国人民意愿、适应时代发展要求的，不仅走得对、走得通,而且走得稳、走得好。

奋斗铸就辉煌,历史昭示未来。牢牢把握过去 5 年工作和新时代 10 年伟大变革的重大意义,我们更加深刻地认识到,党确立习近平同志党中央的核心、全党的核心地位,确立习近平新时代中国特色社会主义思想的指导地位,反映了全党全军全国各族人民共同心愿,对新时代党和国家事业发展、对推进中华民族伟大复兴历史进程具有决定性意义。新征程上,有习近平总书记作为党中央的核心、全党的核心掌舵领航,有习近平新时代中国特色社会主义思想科学指引,不断坚定历史自信、增强历史主动、踔厉奋发、勇毅前行,我们就一定能在新的赶考之路上向历史和人民交出新的优异答卷。

(新华社北京 2022 年 10 月 18 日电　新华社评论员)

延伸阅读

钟华论：赓续中华文脉，光耀复兴之路

文化因创新而辉煌，文明因发展而精彩。

中华文明承载着中华民族生生不息的精神血脉，历经千年风雨而依然璀璨夺目，在人类发展的历史长轴上，写就光芒万丈的篇章。

读懂中国共产党，文化的视角不可或缺。一百年来，一代代共产党人不断发现并运用中华优秀传统文化与马克思主义的内在契合性，夯实中国人民接受并信仰马克思主义的深厚文化基础、价值基础和实践基础。这一历史进程，也是"建立中华民族的新文化"的文明征程。

党的十八大以来，习近平总书记举旗定向、守正创新，坚持把马克思主义基本原理同中国具体实际相结合、同中华优秀传统文化相结合，立民族文化之根，铸民族精神之魂，拓文明发展之道，用真理力量激活古老文明，用文化之火照亮民族复兴之路。

赓续千年文脉，共襄千秋伟业，中华儿女开创未来，具有无比坚定的历史自信和文化自信！

（一）

"致广大而尽精微"——新年前夕，习近平主席发表二〇二二年新年贺词，引用《礼记·中庸》之语揭示成事之道，展现出深厚的文化情怀和高超的政治智慧。

党的十八大以来，以习近平同志为主要代表的中国共产党人以一系列战略思想和创新理念回答中国之问、世界之问、人民之问、时代之问，创立了习近平新时代中国特色社会主义思想。《中共中央关于党的百年奋斗重大成就和历史经验的决议》用"十个明确"进一步概括了习近平新时代中国特色社会主义思想的核心内容。"十个明确"贯通着马克思主义的立场、观点、方法，闪耀着中华优秀传统文化精髓，凝结着中国人民的伟大创造精神、伟大奋斗精神、伟大团结精神、伟大梦想精神，具有强大的历史穿透力、文化感染力和精神感召力。

习近平新时代中国特色社会主义思想以中华文明为源头活水，实现了马克思主义思想精髓与中华优秀传统文化精神特质的融会贯通，充盈着浓郁的中国味、深厚的中华情、浩然的民族魂，成为中华优秀传统文化创造性转化、创新性发展的生动典范，是当代中国马克思主义、二十一世纪马克思主义，是中华文化和中国精神的时代精华，在马克思主义发展史、中华文明发展史上具有重要地位。

1月11日，在省部级主要领导干部学习贯彻党的十九届六中全会精神专题研讨班开班式上，习近平总书记号召全党，继续推进马克思主义基本原理同中国具体实际相结合、同中华优秀传统文化相结合，续写马克思主义中国化时代化新篇章。新的征程上，吸吮着五千年中华文明丰厚的文化养分，在坚持和发展中国特色社会主义的伟大实践中不断丰富完善，习近平新时代中国特色社会主义思想必将展现更加强大的真理力量，指引我们实现第二个百年奋斗目标、实现中华民族伟大复兴的中国梦。

（二）

江流万里，绵延不绝。在世界东方这片热土上，在几千年的文明发展中，中华民族形成了独特的价值体系、人文精神、道德理念和治理智慧，为克服艰难险阻、书写辉煌史诗提供了思想营养和精神支撑。英国历史学家汤因比指出，在人类历史上出现过20多个文明形态，只有中国的文化体系长期延续发展而从未中断。

"万物有所生，而独知守其根"。习近平总书记立足中华文化源头，深刻指出"中华民族在几千年历史中创造和延续的中华优秀传统文化，是中华民族的根和魂"，强调"中华优秀传统文化已经成为中华民族的基因""博大精深的中华优秀传统文化是我们在世界文化激荡中站稳脚跟的根基"。这一系列重要论述，站在坚定文化自信、实现民族复兴的高度，将对中华优秀传统文化地位和作用的认识提升到一个新高度，为传承发展中华优秀传统文化注入固本培元、立根铸魂的思想力量。

"如果没有中华五千年文明，哪里有什么中国特色？如果不是中国特色，哪有我们今天这么成功的中国特色社会主义道路？"2021年春天，在"奇秀甲东南"的武夷山下、九曲溪畔，习近平总书记一番话意味深长，道出了中国特色社会主义的文明底蕴，揭示了中华民族的自信之源。

不忘本来，才能开创未来。将中华文明的精华与马克思主义立场观点方法结合起来，在延续民族文化血脉中开拓前进，我们实现民族复兴、创造新的历史伟业，就拥有无比深厚的文化底蕴，拥有无比强大的奋进力量。

（三）

先秦诸子、汉唐气象、宋明风韵……大风泱泱，大潮滂滂，五千年文脉涵养了巍巍中华。翻开中国历史长卷，从"周虽旧邦，其命维新"，到"天行健，君子以自强不息"；从"富有之谓大业，日新之谓盛德"，到"治世不一道，便国不法古"……在历史风雨洗礼中，中华民族守常达变、开拓进取，中华文明推陈出新、赓续发展，造就了既一脉相承又与时俱进的中华文脉。

承百代之流，会当今之变。习近平总书记将中华优秀传统文化放在文明传承、时代进步和世界发展的大视野中进行观照，强调"把跨越时空、超越国度、富有永恒魅力、具有当代价值的文化精神弘扬起来",提出"推动中华优秀传统文化创造性转化、创新性发展"的重大课题。这是我们党在新时代提出的对待优秀传统文化的科学态度和原则方法,回答了"传承和发展什么样的优秀传统文化、如何传承和发展优秀传统文化"等理论和实践问题,为我们在新时代赓续中华文脉、发展中华文化指明了方向。

"以古人之规矩,开自己之生面"。传承发展中华优秀传统文化,绝不是照单全收、简单复古,而应采取马克思主义的态度与方法,取其精华,去其糟粕,有鉴别地加以对待,有扬弃地予以继承。"凡益之道,与时偕行。"中华文脉之贯通,通在一脉相承的精神追求、精神特质、精神脉络,更通在结合时代新发展新语境,赋予中华优秀传统文化新的时代内涵、表现形式和生命活力。

新时代文化发展,以人民为中心是根本价值取向,满足人民日益增长、不断提升的精神文化生活需要是题中应有之义。赓续中华文脉,一个重要支撑就是找到传统文化与现代生活的连接点,擦亮人民幸福生活的文化底色。采取人民群众喜闻乐见、雅俗共赏的呈现方式,推动优秀传统文化融入国民教育和日常生活,让收藏在博物馆里的文物、陈列在广阔大地上的遗产、印刻在古籍中的文字都活起来,丰富全社会历史文化滋养,才能不断增强国民的志气、骨气、底气,用文化之光开启美好生活之门。

文明因交流而多彩、因互鉴而丰富。中华文化既是民族的,也是世界的。今天,中华民族伟大复兴进入了不可逆转的历史进程,国际社会日益关注中国、希望了解中华文化。以海纳百川的胸怀打破文化交往的壁垒,以兼收并蓄的态度汲取各国文明的养分,以自信开放的姿态更好推动中华文化走出去,方能推动各国文明在交流互鉴中共同前进,书写人类文明新篇章。

今日之中国,"文博热"火爆、"文创风"劲吹,人民群众对传统文化的热情日益高涨，中华优秀传统文化活力迸发，呈现"千岩竞秀，万壑争流"的生动景象。以创新方式探寻中华文化宝藏，《典籍里的中国》《中国诗词大会》《唐宫夜宴》等电视节目广受青睐；幻化于《千里江山图》，舞蹈诗剧《只此青绿》向观众展现跨越千年的丹青意韵；演绎"采菊东篱下，悠然见南山"的诗意栖居，"国风博主"们的写意生活备受海内外粉丝追捧……

"又踏层峰望眼开"。新时代的中国，中华文脉在赓续传承中弘扬光大，中华文明日益彰显旺盛而强大的生命力、创造力、凝聚力、影响力。

（四）

"敬畏历史、敬畏文化、敬畏生态"——在不久前召开的中央经济工作会议上，习近平总书记向领导干部提出"三个敬畏"，要求领导干部学习历史知识、厚植文化底蕴、强化生态观念。

山高水长，不改的是守护文化根脉的赤子之心；斗转星移，不变的是弘扬民族精神的如磐信念。

从重视文化遗产的传承，到加强自然遗产的保护；从推进物质文化遗产的保护利用，到激发非物质文化遗产的创新活力……党的十八大以来，习近平总书记高度珍视中华文化宝藏，作出科学部署，凝聚各方合力，书写文化遗产保护与传承新篇章。

"每一个民族的文化复兴，都是从总结自己的遗产开始的。"著名建筑学家吴良镛曾这样说。据统计，我国现有不可移动文物76.67万处，国有可移动文物藏品1.08亿件（套），有42个非物质文化遗产项目列入联合国教科文组织名录（册），成功申报世界遗产56项。良渚遗址的考古发现，为中华五千年文明史增添实证依据；二里头遗址的发掘，勾勒出"华夏第一王都"的恢宏气象；三星堆遗址考古又有重要发现，许多珍贵文物"沉睡三千年，一醒惊天下"……

珍视中华文化宝藏的理念与行动，凝结着对文化遗产保护与发展关系的深刻思考。习近平总书记指出，历史文化遗产是不可再生、不可替代的宝贵资源，要始终把保护放在第一位。文化瑰宝，永远是中华儿女的心之所系、情之所归，是刻在骨子里的中国魂。对老祖宗留给我们的"珍贵品"，必须像爱惜生命一样保护好，贯彻好"保护为主、抢救第一、合理利用、加强管理"的方针，在保护中发展，在发展中保护。

甲骨竹简，写尽风雨沧桑；秦砖汉瓦，镌刻文明密码。珍视中华文化宝藏的理念与行动，彰显着对历史、对文化的敬畏之心和责任担当。从历史走向未来，新时代中国共产党人坚定"保护文物功在当代、利在千秋"的文化自觉，践行"保护文物也是政绩"的科学理念，向历史和人民作出了庄严承诺："历史文化遗产是祖先留给我们的，我们一定要完整交给后人。"

（五）

"文章功用不经世，何异丝窠缀露珠。"中华文化一贯讲求知行合一、经世致用，从"修身、齐家、治国、平天下"，到"为天地立心，为生民立命，为往圣继绝学，为万世开太平"，寄寓着先贤的理想，激荡着一代代仁人志士的不懈追求。

深读《习近平谈治国理政》，人们既感受着思想的伟力，又仿佛打开了中华典籍的宝库。论著对传统文化精华旁征博引、取精用弘，从一个侧面折射出新时代中国共产党人运用中华文化智慧开创治国理政新境界的历史自觉与历史自信。

集千古之智，纳四海之慧。在治国理政各领域，习近平总书记对中国传统哲学思想的融通与运用、对中国传统政治文明的吸纳与借鉴、对中国传统道德观念的传承和升华，闪耀着中华文明的智慧之光，不仅为推进新时代民族复兴事业注入强大思想力量，也为破解全球性问题、促进人类文明进步提供了中国智慧、中国方案。

"中华民族有着源远流长的传统文化，也一定能创造中华文化新的辉煌。"文化兴则国家兴，文化强则民族强。中华民族伟大复兴，也是中华文化和中国精神的复兴。

岁月峥嵘，山河为证；文脉悠远，与古为新。在全面建设社会主义现代化国家新征程上，赓续深入骨髓的文化基因，激扬澎湃血脉的中国力量，我们必将书写复兴伟业新篇章、铸就中华文明新辉煌！

（新华社北京2022年1月25日电）

第三章

中国人民创造历史伟业的必由之路
——团结奋斗

在团结奋斗中创造历史伟业

——三论深刻把握"五个必由之路"的重要认识

新时代中国为什么成功,我们如何赢得未来?全国两会期间,习近平总书记深刻指出,团结奋斗是中国人民创造历史伟业的必由之路。这一重要论述,深刻揭示我们党带领人民取得辉煌成就的成事之基,汇聚奋进新征程、建功新时代的磅礴力量。

能团结奋斗的民族才有前途,能团结奋斗的政党才能立于不败之地。我们取得的一切成就,是中国共产党人、中国人民、中华民族团结奋斗的结果。在百年变局和世纪疫情交织的复杂形势下,以习近平同志为核心的党中央团结带领全党全国各族人民迎难而上、顽强奋斗,隆重庆祝中国共产党成立一百周年,如期打赢脱贫攻坚战,如期全面建成小康社会、实现第一个百年奋斗目标,开启全面建设社会主义现代化国家、向第二个百年奋斗目标进军新征程,党和国家各项事业取得新的重大成就,北京冬奥会圆满成功,"十四五"实现良好开局。这些成绩的取得,是以习近平同志为核心的党中央坚强领导的结果,是习近平新时代中国特色社会主义思想科学指引的结果,是全党全国各族人民万众一心、拼搏奋斗的结果。团结奋斗,是一百年来中国共产党人、中国人民、中华民族锤炼铸就的宝贵精神品质,是中国共产党和中国人民最显著的精神标识。

当前,世界百年未有之大变局加速演进,国际形势继续发生深刻复杂变化,国内改革发展稳定任务艰巨繁重。新的征程上,我们面临种种可以预见和难以预见的风险挑战，甚至会遇到难以想象的惊涛骇浪。"积力之所举，则无不胜也；众智之所为，则无不成也。"实现既定目标，创造新的历史伟业，更加需要团结一切可以团结的力量，调动一切可以调动的积极因素，凝聚起心往一处想、劲往一处使的奋斗合力。

围绕明确奋斗目标形成的团结才是最牢固的团结，依靠紧密团结进行的奋斗才是最有力的奋斗。目标越远大，越要以踔厉奋发、笃行不怠的精神来抵达；征途越壮阔，越要以众志成城、攻坚克难的意志来开拓。在中国共产党的坚强领导下，锚定实现中华民族伟大复兴的宏伟目标，不断巩固和发展各民族大团结、全国人民大团结、全体中华儿女大团结，鼓足敢于斗争的勇气，锤炼善于斗争的本领，我们就一定能够战胜前进道路上的一切困难挑战，继续创造令人刮目相看的新的奇迹。

力量生于团结，幸福源自奋斗。让我们更加紧密地团结在以习近平同志为核心的党中央周围，深刻领会"两个确立"的决定性意义，增强"四个意识"、坚定"四个自信"、做到"两个维护"，同心同德、齐心协力，共同建设伟大祖国，共同创造美好生活，以优异成绩迎接党的二十大胜利召开。

（新华社北京2022年3月12日电　新华社评论员）

为全面建设社会主义现代化国家而团结奋斗

——从党的二十大看以中国式现代化全面推进中华民族伟大复兴

习近平总书记在党的二十大报告中庄严宣示:"从现在起,中国共产党的中心任务就是团结带领全国各族人民全面建成社会主义现代化强国、实现第二个百年奋斗目标,以中国式现代化全面推进中华民族伟大复兴。"

大道之行,壮阔无垠。

回首来路,在新中国成立特别是改革开放以来长期探索和实践基础上,经过十八大以来在理论和实践上的创新突破,我们党成功推进和拓展了中国式现代化。

展望前路,牢牢把握新时代新征程的使命任务,自信自强、守正创新、踔厉奋发、勇毅前行,我们党一定能团结带领亿万人民不断夺取全面建设社会主义现代化国家新胜利!

成功推进和拓展了中国式现代化——壮阔征程擘画宏伟蓝图,中国式现代化道路的图景更加清晰

首场党代表通道上,英国《经济学人》杂志记者向代表提问:"历史会怎么样记住今年的二十大?"

中央党校(国家行政学院)分管日常工作的副校(院)长谢春涛代

表回应说，党的二十大报告对中国未来五年以至更长时间的发展作出规划和部署。"一定会对中国未来发展起着重要引领、推动作用，一定能够使中国式现代化更稳、更快、更好地推进。"

奋斗目标，标注新的历史方位；

今日中国，开启新的逐梦征程。

翻开二十大报告，中国式现代化的美好前景令人向往——

全面建成社会主义现代化强国，总的战略安排是分两步走：

——从二〇二〇年到二〇三五年基本实现社会主义现代化；

——从二〇三五年到本世纪中叶把我国建成富强民主文明和谐美丽的社会主义现代化强国。

2022年9月30日在北京航天飞行控制中心拍摄的问天实验舱转位画面。这是问天实验舱与天和核心舱分离，采用平面转位方式进行转位。新华社记者 郭中正 摄

报告明确了到二〇三五年我国发展的总体目标："经济实力、科技实力、综合国力大幅跃升""实现高水平科技自立自强，进入创新型国

家前列""建成现代化经济体系,形成新发展格局""全过程人民民主制度更加健全""人的全面发展、全体人民共同富裕取得更为明显的实质性进展"……

中国科学院院士、吉林大学化学学院教授于吉红代表说:"党的十九大报告描绘了全面建设社会主义现代化国家宏伟蓝图,党的二十大报告对全面建成社会主义现代化强国作出进一步科学谋划,报告内容一脉相承又与时俱进。"

报告强调,未来五年是全面建设社会主义现代化国家开局起步的关键时期。

"开局起步至关重要,我们要心往一处想、劲往一处使,努力推动中国式现代化建设事业不断向前进。"中国建筑五局党委书记、董事长田卫国代表说。

2021年6月25日,全长435公里、设计时速160公里的拉林铁路建成通车,西藏首条电气化铁路建成,同时复兴号实现对31个省区市全覆盖。这是试运行的复兴号列车行驶在西藏山南市境内(2021年6月16日摄)。新华社记者 觉果 摄

宏伟擘画，映照初心如磐。

一百多年前，孙中山先生在《建国方略》中绘就了中国现代化第一份蓝图：建设160万公里公路、约16万公里铁路、3个世界级大海港、三峡大坝……

如今，铁路进青藏、公路密成网、高峡出平湖、港口连五洋、"天和"驻太空、"祝融"探火星……中国的现代化程度已远超孙中山先生当初的设想。

伟大变革，筑牢梦想之基。

历史性地解决了绝对贫困问题，经济总量稳居世界第二位，制造业规模、外汇储备稳居世界第一，进入创新型国家行列，货物贸易总额居世界第一，吸引外资和对外投资居世界前列，美丽中国建设迈出重大步伐……

这是贵州石阡至玉屏高速公路花桥互通（2021年6月17日摄，无人机照片）。新华社记者 陶亮 摄

党的十八大以来，以习近平同志为核心的党中央带领人民，采取一系列战略性举措，推进一系列变革性实践，实现一系列突破性进展，取

得一系列标志性成果,推动党和国家事业取得历史性成就、发生历史性变革。

上海市松江区委书记程向民代表说,正是因为坚持创新在我国现代化建设全局中的核心地位,松江区从房地产占"半壁江山"的近郊区,跃升为长三角G60科创走廊的策源地,未来还将秉持新发展理念不动摇,唯实唯干、加快高质量发展。

这是位于上海市松江区的长三角G60科创走廊规划展示馆外景(2020年11月18日摄)。新华社发

习近平总书记在二十大报告中深刻阐释:"中国式现代化,是中国共产党领导的社会主义现代化,既有各国现代化的共同特征,更有基于自己国情的中国特色。"

二十大报告阐释了中国式现代化的特征:是人口规模巨大的现代化,是全体人民共同富裕的现代化,是物质文明和精神文明相协调的现代化,是人与自然和谐共生的现代化,是走和平发展道路的现代化。

报告明确提出中国式现代化的本质要求:坚持中国共产党领导,坚持中国特色社会主义，实现高质量发展，发展全过程人民民主，丰富人民精神世界，实现全体人民共同富裕，促进人与自然和谐共生，推动构建人类命运共同体，创造人类文明新形态。

这是 2022 年 9 月 23 日拍摄的上海洋山港集装箱码头（无人机照片）。新华社记者 丁汀 摄

中共中央党史和文献研究院原院务委员冯俊说，二十大报告更深入阐释了中国式现代化的特征，并首次提出了九个本质要求，这对于我们深刻理解和认识中国式现代化的科学内涵、旨归意义、目标任务、实现途径等，具有重要价值。

扎根中国大地，中国式现代化彰显中国特色社会主义制度的优越性，展现出光明前景和勃勃生机。

创造人类文明新形态——为人类实现现代化提供新的选择，中国式现代化道路越走越宽广

迄今为止，全球完成工业化的发达国家和地区人口总和不超过 10

亿人。中国14亿多人口整体迈入现代化社会，无先例可循，是人类历史上有深远影响的大事。

站在时代潮头，习近平总书记高瞻远瞩，擘画了以中国式现代化全面推进中华民族伟大复兴的大棋局——

党的十八大报告把"实现社会主义现代化和中华民族伟大复兴"作为建设中国特色社会主义的总任务；

党的十九大报告作出分两步走到本世纪中叶建成社会主义现代化强国的战略安排；

党的二十大报告对全面建成社会主义现代化强国两步走战略安排进行宏观展望，重点部署未来五年的主要目标任务。

中央党校（国家行政学院）教授辛鸣表示，中国式现代化是守正创新走出的新路，把握人类发展的规律，立足中国大地，为人类社会整体实现现代化开辟了新路。

"人民生活品质高，很安全；生态环境很棒，山清水秀，这才是21世纪生活应该有的样子。"第二次参加中共党代会报道的埃塞俄比亚通讯社记者贝雷克特·西赛深有感触，"中国用几十年的时间走过了西方200多年的现代化道路，令人惊叹。"

中国式现代化，打破"现代化就是西方化"的路径依赖，蹚出了一条发展中国家走向现代化的新路。

"我们党领导人民不仅创造了世所罕见的经济快速发展和社会长期稳定两大奇迹，而且成功走出了中国式现代化道路，创造了人类文明新形态。"

2021年11月11日，在党的十九届六中全会第二次全体会议上，习近平总书记指出，这些前无古人的创举，破解了人类社会发展的诸多难题，摒弃了西方以资本为中心的现代化、两极分化的现代化、物质主义膨胀的现代化、对外扩张掠夺的现代化老路，拓展了发展中国家走向现代化的途径，为人类对更好社会制度的探索提供了中国方案。

"能在拥有十几亿人口的国家实现现代化，这无疑是对人类进步事业的巨大贡献。"肯尼亚国际问题学者卡文斯·阿德希尔表示，中国的成功实践为非洲国家在内的发展中国家作出表率，即各国应探索一条符合自身实际的现代化发展道路。

从采煤沉陷区数万居民搬进新居，到西露天矿的生态蝶变，辽宁抚顺不断以发展成果惠及百姓。抚顺市委书记来鹤代表说，中国式现代化始终坚持以人民为中心的发展思想，为广大人民群众带来了看得见、摸得着、既利当下又利长远的福祉。

2022年6月2日，工人在辽宁抚顺西露天矿内植树。新华社记者 杨青 摄

当前，世界之变、时代之变、历史之变正以前所未有的方式展开。和平赤字、发展赤字、安全赤字、治理赤字加重，人类社会面临前所未有的挑战，世界又一次站在历史的十字路口。

当"世界怎么了、人类怎么办"的时代之问在全球回荡，二十大报告从人类发展大潮流、世界变化大格局的高度，进一步阐释"中国式现代化是走和平发展道路的现代化"：

"我国不走一些国家通过战争、殖民、掠夺等方式实现现代化的老路"；

"中国始终坚持维护世界和平、促进共同发展的外交政策宗旨，致力于推动构建人类命运共同体"；

"不断以中国新发展为世界提供新机遇，推动建设开放型世界经济，更好惠及各国人民"；

……

菌草专家林占熺（中）在宁夏银川市永宁县闽宁镇农户刘昌富的大棚里查看菌草生长情况（2021年3月29日摄）。新华社记者 王鹏 摄越走越宽广的中国式现代化道路，将更好发展自身、造福世界。

党代表通道上，年近八旬的菌草专家林占熺代表分享了菌草从中国走向世界，为全球减贫事业贡献中国力量的故事。

"菌草援外小而美、见效快、惠民生。"林占熺说，从南太岛国到非洲、拉美，许多人通过种菌草、种菇，摆脱了贫困，改变了命运。

英国学者马丁·雅克认为，中国提供了一种"新的可能"，开辟了一条合作共赢、共建共享的文明发展新道路。这是前无古人的伟大创举，也是改变世界的伟大创造。

是历史的巧合，也是发展的必然。

北京八达岭长城脚下，两条铁路在此交会：一条是一百多年前詹天佑主持修建的京张铁路，一条是2022年北京冬奥会的配套工程京张高铁。

一列复兴号高铁列车从京张高铁驶过居庸关长城（2020年10月6日摄）。新华社记者 鞠焕宗 摄

从打破"中国人不能自建铁路"断言的"争气路",到引领智能高铁的"先行路",从时速35公里到350公里,两条铁路见证着一个国家的发展,折射出中国式现代化的成功。

"历史会镌刻下这一笔,世界将对中国道路有全新的认识。"2022年新年伊始,习近平总书记考察北京冬奥筹备工作时说的话,意味深长。

撸起袖子加油干——走好必由之路,以中国式现代化推进中华民族伟大复兴

全面建设社会主义现代化国家,是一项伟大而艰巨的事业,前途光明,任重道远。

未来五年是全面建设社会主义现代化国家开局起步的关键时期,对于实现第二个百年奋斗目标至关重要。

翻开二十大报告,未来五年的主要目标任务跃然而出:

"经济高质量发展取得新突破""改革开放迈出新步伐""全过程人民民主制度化、规范化、程序化水平进一步提高""居民收入增长和经济增长基本同步""城乡人居环境明显改善"……

把蓝图变为现实,是一场新的长征。

在参加党的二十大广西代表团讨论时,习近平总书记指出:"当前最重要的任务,就是撸起袖子加油干,一步一个脚印把党的二十大作出的重大决策部署付诸行动、见之于成效。"

二十大报告阐明了前进道路上必须牢牢把握的重大原则——坚持和加强党的全面领导,坚持中国特色社会主义道路,坚持以人民为中心的发展思想,坚持深化改革开放,坚持发扬斗争精神。

国务院发展研究中心研究员龙海波说,我们党提出的这些重大原则是对以前探索经验的总结,是对现代化理论的丰富和发展,全面开拓了中国式现代化理论新境界,指引我们今后面对各种风险挑战始终沿着正确方向前进，坚定不移在新时代新征程走中国式现代化道路。

谱写全面建设社会主义现代化国家新篇章，必须坚持和加强党的全面领导。

新时代十年创造的伟大成就、实现的伟大变革，最根本的原因在于有习近平总书记作为党中央的核心、全党的核心掌舵领航，在于有习近平新时代中国特色社会主义思想的科学指引。

二十大报告提出，坚决维护党中央权威和集中统一领导，把党的领导落实到党和国家事业各领域各方面各环节，使党始终成为风雨来袭时全体人民最可靠的主心骨，确保我国社会主义现代化建设正确方向，确保拥有团结奋斗的强大政治凝聚力、发展自信心，集聚起万众一心、共克时艰的磅礴力量。

"全面加强党的领导，必须确保党中央权威和集中统一领导，确保党发挥总揽全局、协调各方的领导核心作用。"南京航空航天大学马克思主义学院党委书记徐川代表说，要自觉用习近平新时代中国特色社会主义思想武装头脑、指导实践，坚决捍卫"两个确立"，忠实践行"两个维护"，让我们党永葆生机活力、走好新的赶考之路。

谱写全面建设社会主义现代化国家新篇章，必须坚持中国特色社会主义道路。

十年砥砺奋进。我们坚持和发展中国特色社会主义，推动物质文明、政治文明、精神文明、社会文明、生态文明协调发展，成功走出了中国式现代化道路，创造了人类文明新形态。

实践充分证明，中国特色社会主义是党和人民历经千辛万苦、付出巨大代价取得的根本成就，是创造人民美好生活、实现中华民族伟大复兴的康庄大道。

二十大报告提出，"坚持道不变、志不改，既不走封闭僵化的老路，也不走改旗易帜的邪路，坚持把国家和民族发展放在自己力量的基点上，坚持把中国发展进步的命运牢牢掌握在自己手中"。

"鞋子合不合脚,只有穿的人才知道。"湖南省郴州市委书记吴巨培代表说,十年来,在新发展理念指引下,当地坚持生态优先、绿色发展,绿水青山真正成了金山银山。实践证明,这条道路符合中国实际、反映中国人民意愿、适应时代发展要求,不仅走得对、走得通,而且也一定能够走得稳、走得好。

谱写全面建设社会主义现代化国家新篇章,必须坚持以人民为中心的发展思想。

二十大报告中,"人民"是贯穿其间的核心关键词之一。

"紧紧抓住人民最关心最直接最现实的利益问题""扎实推进共同富裕""促进高质量充分就业""完善基本养老保险全国统筹制度""把保障人民健康放在优先发展的战略位置"……报告亮出更多惠民生、暖民心举措,呼应人民对美好生活的向往。

中国共产党领导人民打江山、守江山,守的是人民的心。

"红船起航地",浙江嘉兴南湖区。过去19年间,96345服务热线24小时"不打烊",累计接听电话470多万次,群众满意率超过99%。

"红船,凝聚着共产党人的初心和信仰,初心和信仰体现在全心全意为人民服务中。"96345社区服务求助中心党支部书记骆叶青代表说。

谱写全面建设社会主义现代化国家新篇章,必须坚持深化改革开放。

改革开放,是前进道路上的不竭动力。二十大报告提出,深入推进改革创新,坚定不移扩大开放,着力破解深层次体制机制障碍,不断彰显中国特色社会主义制度优势。

报告提出的一系列新部署绘就未来发展的"施工图"——

在经济方面,明确"高质量发展是全面建设社会主义现代化国家的首要任务";

在科教方面,提出"必须坚持科技是第一生产力、人才是第一资源、

创新是第一动力";

在法治方面,部署"在法治轨道上全面建设社会主义现代化国家";

在生态方面,强调"必须牢固树立和践行绿水青山就是金山银山的理念,站在人与自然和谐共生的高度谋划发展";

……

"顺应我国社会主要矛盾转化,关键要进一步解决不平衡不充分的发展问题。报告科学回答了复杂形势怎么看、高质量发展怎么办等问题,为中国式现代化发展之路指明方向。"辽宁省阜新市委书记胡涛代表说。

作为全国首个资源枯竭型城市经济转型试点市,阜新市经过20多年努力,风电、光伏等新能源产业已成为高质量发展新引擎。

反复研读报告,福建省晋江市委书记张文贤代表更加坚定信心:"我们要立足新起点,深入推进改革创新,以开放姿态拥抱全球市场。"

2020年11月10日,中国第37次南极科学考察队乘坐"雪龙2"号极地科考破冰船从上海起航,奔赴南极执行科学考察任务。新华社发(中国极地研究中心供图)

谱写全面建设社会主义现代化国家新篇章，必须坚持发扬斗争精神。越是接近胜利的彼岸，越要准备经受风高浪急甚至惊涛骇浪的重大考验。

面向未来，中国极地研究中心"雪龙2"号船长赵炎平代表心潮澎湃："从'雪龙'号到'雪龙2'号，'双龙探极'背后是我国科技创新能力的不断跃升。我们将以极地探索的热情和勇气，不断加大科研攻关力度，坚持发扬斗争精神，为推进中华民族伟大复兴攻坚克难、破冰前行！"

我们通过奋斗走出了一条光明大道，我们还要继续前行。

在以习近平同志为核心的党中央坚强领导下，在习近平新时代中国特色社会主义思想科学指引下，汇聚起14亿多中国人民的磅礴伟力，我们就一定能用新的伟大奋斗创造新的伟业！

（新华社北京2022年10月19日电　新华社记者韩洁、徐扬、樊曦、谢希瑶、高敬、叶昊鸣）

始终同人民同呼吸、共命运、心连心

——二十大代表讨论二十大报告综述

习近平总书记在党的二十大报告中指出,"团结就是力量,团结才能胜利。全面建设社会主义现代化国家,必须充分发挥亿万人民的创造伟力""始终同人民同呼吸、共命运、心连心"。

代表们一致认为,人民是党执政兴国的最大底气。坚持一切为了人民、一切依靠人民,赢得人民信任,得到人民支持,党就能够克服任何困难,就能够一往无前、无往不胜,就必将形成同心共圆中国梦的强大合力。

坚持人民至上:"深入贯彻以人民为中心的发展思想"

河南省辉县市张村乡裴寨村党支部书记裴春亮代表手中的二十大报告上,一句句围绕人民的阐述,一项项增进人民福祉的部署,被画上了一道道着重线。

"'人民'作为报告的关键词、高频词,充分彰显我们说的人民立场、人民情怀。"裴春亮深有感触地说,坚持以人民为中心,是新时代坚持和发展中国特色社会主义的一条基本方略,也是贯穿习近平新时代中国特色社会主义思想的一条主线,推动着造福人民的伟大事业不断向前。

"面对突如其来的新冠肺炎疫情,我们坚持人民至上、生命至上,坚持动态清零不动摇,开展抗击疫情人民战争、总体战、阻击战,最大限度保护了人民生命安全和身体健康";

"经过接续奋斗,实现了小康这个中华民族的千年梦想,打赢了人类历史上规模最大的脱贫攻坚战";

"深入贯彻以人民为中心的发展思想,在幼有所育、学有所教、劳有所得、病有所医、老有所养、住有所居、弱有所扶上持续用力,人民生活全方位改善"……

10年非凡成就,书写在物阜民丰、万家灯火里,每一位代表都体会真切。

宁夏固原,曾被外国专家认为"不具备人类生存基本条件"的苦瘠之地,如今变为山绿、民富的宜居之城。

"一路走来,愈发感悟思想的伟力,愈发坚定让人民生活幸福就是'国之大者'。"固原市委书记冼国义代表说,全面推进乡村振兴的深度、广度、难度都不亚于脱贫攻坚,决不能有任何喘口气、歇歇脚的想法。

"江山就是人民,人民就是江山。中国共产党领导人民打江山、守江山,守的是人民的心。"

"人心是最大的政治。谁把人民放在心上,人民就会把谁放在心上。"湖南党史陈列馆副馆长陈艳代表常常向人们讲述"半条被子"的故事。在她看来,这段温暖人心的历史中藏着中国共产党历久弥新的精神"密码"。

"正是因为坚守'为了人民'这一崇高理念,党才赢得了人民群众的信任、拥护和支持,才得以冲破重重险阻发展壮大,才取得了新时代十年的辉煌成就。"陈艳说,前进道路上还会经受风高浪急甚至惊涛骇浪,始终把人民放在心中最高位置,把人民幸福镌刻在发展答卷中,就能走好新时代的长征路。

鉴往知来,砥行致远。

"与人民同呼吸、共命运、心连心,是共产党人的初心,永远不会改变。"驻村近4年,重庆市司法局人民参与和促进法治处处长杨懿代表对"人民"二字的理解更加深入,"党团结带领人民进行革命、建设、改革，根本目的就是为了让人民过上好日子，无论面临多大挑战和压力，无论付出多大牺牲和代价，这一点都始终不渝、毫不动摇。"

不断造福人民："坚持在发展中保障和改善民生"

民之所盼，政之所向。

习近平总书记在报告中鲜明指出："为民造福是立党为公、执政为民的本质要求。必须坚持在发展中保障和改善民生，鼓励共同奋斗创造美好生活，不断实现人民对美好生活的向往。"

从收入到就业、从教育到医疗、从养老到社会保障……报告聚焦人民群众的操心事、烦心事、揪心事，部署一系列新举措，着力增进民生福祉、回应人民期盼，代表们表示倍增信心、倍添干劲。

"报告把保障人民健康放在优先发展的战略位置，体现了对人民生命健康的高度重视。"甘肃省庆阳市人民医院重症监护室护士长脱亚莉代表说，自己所在医院的同事们已第一时间在网上关注到相关内容，感到很振奋。

脱亚莉说，从"有没有"到"好不好"，党中央顺应民生需求的新变化，提出促进优质医疗资源扩容和区域均衡布局，坚持预防为主，加强重大慢性病健康管理等要求，将推动我国医疗卫生事业由"以治病为中心"向"以人民健康为中心"转变。

为求职者"一对一"推荐岗位，实地走访用人单位，在抖音上直播带岗……这是来京之前，吉林省白城市洮北区公共就业服务实训指导中心主任于砚华代表的日常工作。

"就业是民生之本，牵动着千家万户。"于砚华说，报告对重点群体就业、消除就业歧视、加强灵活就业和新就业形态劳动者权益保障等作出部署，将助推更多劳动者高质量充分就业，过上更好日子。

贵州省望谟县实验高中副校长刘秀祥代表，对报告中"办好人民满意的教育"相关内容反复研读。

"过去10年，我们发起的'助学走乡村行动'帮助4200多名贫困学生顺利完成了学业，相信在政策有力支持下，我们的办学条件和师资水平会越来越好，山里的孩子们能享受到更加优质的教育。"刘秀祥说。

"我们要实现好、维护好、发展好最广大人民根本利益，紧紧抓住人民最关心最直接最现实的利益问题，坚持尽力而为、量力而行，深入群众、深入基层，采取更多惠民生、暖民心举措，着力解决好人民群众急难愁盼问题，健全基本公共服务体系，提高公共服务水平，增强均衡性和可及性，扎实推进共同富裕。"放眼未来，报告指明奋进的方向。

江西省上犹县安和乡富湾村党支部书记康宽军代表，对"奋进新时代"主题成就展中一张张充满笑脸的照片印象最深刻："这是实实在在的幸福感和获得感，是最生动的民生答卷。"

"时代是出卷人，我们是答卷人，人民是阅卷人。"康宽军表示，"报告激励我们始终把人民安居乐业、安危冷暖放在心上，用心用情用力解决群众关心的实际问题，一件一件抓落实，一年接着一年干，努力让群众看到变化、得到实惠。"

紧紧依靠人民："充分发挥亿万人民的创造伟力"

全面建设社会主义现代化国家，必须充分发挥亿万人民的创造伟力。

习近平总书记在报告中强调，"全党要坚持全心全意为人民服务的根本宗旨，树牢群众观点，贯彻群众路线，尊重人民首创精神，坚持一切为了人民、一切依靠人民，从群众中来、到群众中去"，引发代表们广泛共鸣。

山东省烟台市芝罘区毓璜顶街道，"壹家生活社区厨房"火热开张。这个便利老人的社区食堂，房子由小区居民提供，服务人员是志愿者，建设投入来自社区红色先锋公益基金。

"人民群众蕴藏无限智慧和力量。我们社区工作既服务群众,也依靠群众,二者彼此交融、相互推进。"毓璜顶街道大海阳社区党委书记冷晓燕代表说,将以人民为师,向群众问策,共建共治共享美好社区生活。

党的根基在人民、血脉在人民、力量在人民。

参军160万人,民工313万人,担架20万副……辽宁锦州,辽沈战役纪念馆支前馆的一组"东北解放战争人民支前统计",让许多参观者驻足深思。

"我们党为人民而生、因人民而兴。"锦州市委书记靳国卫代表表示,群众路线的法宝不可丢。必须坚持问计于民、问需于民,把握群众所思所想所盼,凝聚民心民智民力,努力开拓发展新局面。

人民是中国共产党领导和执政的力量源泉,是决定党和国家前途命运的根本力量。

2020年,新冠肺炎疫情汹汹来袭。武汉上万名建设工人夜以继日轮班施工,近千台设备、车辆彻夜运行,创下了10天建成火神山医院的中国速度。

"紧紧依靠人民,我们党跨过了一道又一道沟坎,取得了一个又一个胜利。"作为亲历者与建设者,回忆起这一幕,中国建筑三局电气工程师肖帅代表说。

"站在新起点上,我们紧紧依靠人民、不断造福人民、牢牢根植人民,把政治智慧的增长、执政本领的增强深深扎根于人民的创造性实践,力争继续在全面深化改革、推进乡村振兴中再立新功。"安徽凤阳县小岗村党委书记周群之代表说。

代表们表示,在以习近平同志为核心的党中央坚强领导下,始终同人民同呼吸、共命运、心连心,必将凝聚起团结奋斗的磅礴力量,谱写新时代中国特色社会主义更加绚丽的华章。

(新华社北京2022年10月19日电 新华社记者姜琳、谭谟晓、叶昊鸣、魏玉坤、于文静、白阳)

"广泛凝聚中华民族一切智慧和力量"

——以习近平同志为核心的党中央关心统一战线工作纪实

寻求最大公约数、画出最大同心圆。

统一战线是中国共产党凝聚人心、汇聚力量的政治优势和战略方针,是夺取革命、建设、改革事业胜利的重要法宝,是增强党的阶级基础、扩大党的群众基础、巩固党的执政地位的重要法宝,是全面建设社会主义现代化国家、实现中华民族伟大复兴的重要法宝。

党的十八大以来,以习近平同志为核心的党中央召开一系列重要会议,出台一系列重要法规文件,作出一系列重大决策部署,指明了新时代统一战线的发展方向。在以习近平同志为核心的党中央坚强领导下,统一战线高举爱国主义、社会主义旗帜,牢牢把握大团结大联合的主题,紧紧围绕党和国家中心任务,不断促进政党关系、民族关系、宗教关系、阶层关系、海内外同胞关系和谐,各领域工作取得新进展,统一战线呈现出团结、奋进、开拓、活跃的良好局面,为推进中国特色社会主义伟大事业作出新的贡献。

举旗定向:"统一战线是党的事业取得胜利的重要法宝,必须长期坚持"

2021年11月11日下午,北京人民大会堂,中共十九届六中全会第二次全体会议举行。

"通过！"

如潮掌声中，《中共中央关于党的百年奋斗重大成就和历史经验的决议》诞生。

这份闪耀着马克思主义真理光辉的文献，把"坚持统一战线"作为党百年奋斗十条历史经验之一，强调"党始终坚持大团结大联合，团结一切可以团结的力量，调动一切可以调动的积极因素，促进政党关系、民族关系、宗教关系、阶层关系、海内外同胞关系和谐，最大限度凝聚起共同奋斗的力量"。

百年壮阔党史，初心始终不渝。

在革命、建设、改革各个历史时期，我们党始终把统一战线和统战工作摆在全党工作的重要位置，努力团结一切可以团结的力量、调动一切可以调动的积极因素，为党和人民事业不断发展营造了十分有利的条件。

党的十八大以来，中国特色社会主义进入新时代。行进到中华民族伟大复兴关键一程，统战工作面临着新的形势和挑战。

审视国内，统一战线内部结构复杂性前所未有，改革发展稳定任务之重前所未有，矛盾风险挑战之多前所未有，多元思想文化交流交融交锋前所未有。

放眼国际，当今世界正经历百年未有之大变局，不确定不稳定因素显著增多，统战工作越来越成为国际斗争的一个重要方面。

习近平总书记以坚定有力的话语举旗定向："越是变化大，越是要把统一战线发展好、把统战工作开展好。"

这是旗帜鲜明的正本清源——

在2015年5月18日至20日召开的中央统战工作会议上，习近平总书记一针见血指出一段时间以来统战工作中存在的一些问题：

"不重视统一战线。一些同志产生了轻视或忽视统一战线和统战工作的问题"；

"不会做统战工作。统一战线有其特点，做好统战工作不容易。现在，有不少同志不熟悉统战工作的特点，不善于团结党外人士，拿着海龙王的法宝不会用"。

直指其弊后，习近平总书记要求："我们一定要认真分析、找出症结、端正思想，积极加以克服。"

这是高瞻远瞩的宏阔布局——

正是在这次中央统战工作会议上，习近平总书记鲜明提出，"做好新形势下统战工作，必须掌握规律、坚持原则、讲究方法，最根本的是要坚持党的领导""统战工作是全党的工作，必须全党重视，大家共同来做"。

两个月后，习近平总书记主持召开中共中央政治局会议，决定设立中央统一战线工作领导小组。

中央统一战线工作领导小组在中央政治局及其常委会领导下开展工作，对学习贯彻落实党中央关于统一战线工作的重大理论方针政策和涉及统一战线工作的法律法规进行研究部署、协调指导和督促检查，研究统一战线重大问题，向党中央提出建议。

2018年，根据《深化党和国家机构改革方案》，中央统战部统一领导国家民族事务委员会；统一管理宗教工作、侨务工作，将国家宗教事务局、国务院侨务办公室并入中央统战部，对外保留国家宗教事务局、国务院侨务办公室牌子。这进一步加强了党中央对统战工作的集中统一领导。

通过一系列顶层设计，统战工作与党和国家中心任务实现有效对接、精准契合。

这是守正创新的思想擘画——

做好新形势下统战工作，最根本的是要坚持党的领导。

2020年11月30日，习近平总书记主持召开中共中央政治局会议，修订《中国共产党统一战线工作条例》，同年12月21日，条例发布。

修订后的条例，突出特点是通篇贯穿党对统一战线工作的全面领导，守住坚持中国共产党领导这一同心圆的圆心，把坚持中国共产党的领导作为统一战线工作的首要原则。

以圆心为基点,画出最大同心圆,习近平总书记提出一系列创新论断——

在民主党派和无党派人士工作中,强调中国共产党领导的多党合作和政治协商制度是从中国土壤中生长出来的新型政党制度;

在民族工作中,强调铸牢中华民族共同体意识;

在宗教工作中,强调坚持我国宗教中国化方向;

在非公有制经济领域统战工作中,强调构建亲清政商关系;

强调加强党外知识分子工作,做好新的社会阶层人士工作,发挥他们在中国特色社会主义事业中的重要作用;

……

来源于马克思主义统一战线理论,来源于中国特色社会主义实践,来源于中华文化土壤,习近平总书记关于加强和改进统一战线工作的重要思想深刻回答了新时代要不要统一战线、要什么样的统一战线、怎样建设统一战线等重大问题,是习近平新时代中国特色社会主义思想的重要组成部分,为做好新时代统战工作提供了思想指引和行动指南。

汇聚合力:"统一战线是做人的工作,搞统一战线是为了壮大共同奋斗的力量"

"来了,总书记来啦!"

2012年12月24日全天和25日上午,在各民主党派和工商联顺利实现新老交替不久,习近平总书记即冒着零下10多摄氏度的严寒,一一登门走访8个民主党派中央和全国工商联。

进门时,与每一位同志紧紧握手;深情回顾同民主党派老一代领导人交往的情景,积极回应各民主党派提出的意见和建议;走访结束时,嘱咐大家外面冷,要注意身体……习近平总书记情深意切。

在党外人士座谈会上坦诚交流、寄予希望;在同党外人士共迎新春时欢聚一堂、诚挚问候;在全国政协新年茶话会上共商国是、畅叙友

2020年5月27日,孩子们在新疆和田市团城的鸽子巷玩耍。新华社记者 沙达提 摄

情……习近平总书记身先示范,为党交肝胆相照的党外朋友。

中华民族一家亲、同心共筑中国梦。

今年7月12日至15日,习近平总书记在新疆考察。考察中,当习近平总书记对师生、对村民、对社区居民们讲起"我们要像石榴籽一样",话音未落,现场千百个声音不约而同地响亮回答:"紧紧抱在一起。"

习近平总书记多次前往民族地区,留下了一个个温暖瞬间——

在大凉山腹地的彝族村民家,同村民代表、驻村扶贫工作队员围坐在火塘边,谋划精准脱贫之策;

在黑龙江同江市八岔赫哲族乡八岔村,赞扬赫哲族历史悠久、文化丰富;

在云南腾冲市清水乡三家村中寨司莫拉佤族村,按照当地习俗,敲响三声木鼓:一声鼓响风调雨顺,二声鼓响国泰民安,三声鼓响四海升平;

……

2020年9月2日拍摄的四川省凉山彝族自治州普格县荞窝镇云盘山村的村民新居（无人机照片）。新华社记者 王曦 摄

2020年7月21日，学员在黑龙江省同江市八岔赫哲族伊玛堪传习所练习演唱伊玛堪。新华社记者 王建威 摄

2020年5月15日,云南省腾冲市清水乡三家村中寨司莫拉佤族村村民在广场上休息。新华社记者 胡超 摄

宗教问题始终是我们党治国理政必须处理好的重大问题。

2021年7月22日,在西藏考察的习近平总书记来到拉萨西郊的哲蚌寺。

"宗教要和顺、社会要和谐、民族要和睦。"习近平总书记强调,宗教的发展规律在于"和"。任何宗教的生存发展,都必须同所在社会相适应,这是世界宗教发展传播的普遍规律。

4个多月后,在全国宗教工作会议上,习近平总书记进一步阐述了推进我国宗教中国化:"引导和支持我国宗教以社会主义核心价值观为引领,增进宗教界人士和信教群众对伟大祖国、中华民族、中华文化、中国共产党、中国特色社会主义的认同。"

"非公有制经济在我国经济社会发展中的地位和作用没有变!我们毫不动摇鼓励、支持、引导非公有制经济发展的方针政策没有变!我们致力于为非公有制经济发展营造良好环境和提供更多机会的方针政策没有变！"2018年11月1日，习近平总书记在民营企业座谈会上强调的三个"没有变"，为民营企业家吃下"定心丸"。

2021年10月21日，工作人员进行布达拉宫年度粉刷工作。新华社记者 孙瑞博 摄

出席欧美同学会成立100周年庆祝大会并发表重要讲话；给全体在德留学人员回信，勉励他们秉持崇高理想努力报国为民；给南京大学留学归国青年学者回信；在基层代表座谈会上，当面听取新的社会阶层人士对"十四五"规划编制的意见和建议……习近平总书记亲自做统战工作，壮大共同奋斗的力量。

今年6月30日至7月1日，习近平总书记来到香港，出席庆祝香港回归祖国25周年大会暨香港特别行政区第六届政府就职典礼，并视察香港。

在庆祝香港回归祖国25周年的喜庆时刻，带来全国人民的热烈祝贺和美好祝愿；在香港由治及兴的关键时期，为香港长治久安和长远发展，为"一国两制"伟大事业行稳致远指明航向。

第三章
中国人民创造历史伟业的必由之路——团结奋斗

2022年7月1日，香港特区政府在金紫荆广场举行升旗仪式，庆祝香港回归祖国25周年。新华社发

"距我上次到香港来，已经过了5个春秋。这5年，我一直关注着香港，挂念着香港，我的心和中央政府的心始终同香港同胞在一起。"习近平总书记话语真挚。

把海外侨胞等力量凝聚起来，对于加快我国社会主义现代化建设、维护和促进祖国统一具有重要意义。

2014年6月，习近平总书记在会见第七届世界华侨华人社团联谊大会代表时强调："团结统一的中华民族是海内外中华儿女共同的根，博大精深的中华文化是海内外中华儿女共同的魂，实现中华民族伟大复兴是海内外中华儿女共同的梦。共同的根让我们情深意长，共同的魂让我们心心相印，共同的梦让我们同心同德，我们一定能够共同书写中华民族发展的时代新篇章。"

2020年10月，在广东考察的习近平总书记来到具有潮汕侨乡特色的侨批文物馆。时任馆长林庆熙向习近平总书记详细介绍了写批、寄批、送批、回批的具体流程，以及一封封"侨批"背后的感人故事。

"我们的改革开放和发展建设事业同大批心系桑梓、心系祖国的华侨是分不开的。"习近平总书记深受感动，"华侨的一个重要特点就是爱国爱乡。他们在异乡历尽艰辛、艰苦创业，顽强地生存下来，站稳脚跟后，依然牵挂着自己的家乡和亲人，有一块钱寄一块钱，有十块钱寄十块钱。这就是中国人、中国文化、中国精神、中国心。"

民主党派、无党派、民族、宗教、民营经济、新的社会阶层、港澳台海外……在习近平总书记关心关怀下，数亿各方面统一战线成员深受鼓舞、倍感振奋。

团结奋斗："形成海内外全体中华儿女心往一处想、劲往一处使的生动局面"

2021年7月1日，天安门城楼上，站在"两个一百年"的历史交汇点，习近平总书记发出号召：

"新的征程上，我们必须坚持大团结大联合，坚持一致性和多样性统一，加强思想政治引领，广泛凝聚共识，广聚天下英才，努力寻求最大公约数、画出最大同心圆，形成海内外全体中华儿女心往一处想、劲往一处使的生动局面，汇聚起实现民族复兴的磅礴力量！"

团结是铁，团结是钢，团结就是力量。团结是中国人民和中华民族战胜前进道路上一切风险挑战、不断从胜利走向新的胜利的重要保证。

携手并肩而行，擘画未来蓝图，统一战线不断凝聚共识——

上海兴业路76号，一幢石库门楼房，见证了开天辟地的大事变。浙江嘉兴南湖，一叶红船，摆渡了曾经暮霭沉沉的中国。

2021年6月5日，各民主党派中央主席、常务副主席和无党派人士代表来到上海、浙江嘉兴，瞻仰中共一大会址和嘉兴南湖红船并举行座谈会，庆祝中国共产党成立100周年。

"中国共产党永远是中国人民最可靠的主心骨和领路人。我们将始终保持同中国共产党同心同德、团结奋斗的政治本色。"一位民主党派主要负责同志说。

今年1月29日同党外人士共迎新春时,习近平总书记指出:"要深入做好思想引导工作,引导广大成员明辨是非、站稳立场,凝聚和传递正能量。"

统一战线成员贯彻中共中央决策部署,聚焦中心工作履职尽责:民主党派巩固深化"不忘合作初心,继续携手前进"主题教育活动成果,部署开展"矢志不渝跟党走、携手奋进新时代"政治交接主题教育,多党合作事业稳中有进;全国工商联推进民营经济人士理想信念教育,引导民营企业参与促进共同富裕,"万企帮万村"行动圆满收官,"万企兴万村"行动成功启动……

2020年9月29日,在内蒙古自治区兴安盟科尔沁右翼中旗乌逊嘎查分会场的"我们的中国梦"——文化进万家慰问演出上,歌手图雅娜莎(后)在演唱歌曲《牧民歌唱共产党》。新华社记者 徐钦 摄

厚植精神沃土，铸牢中华民族共同体意识，统一战线不断凝聚人心——

群舞《中国梦》磅礴大气，歌伴舞《站在草原望北京》热情似火，好来宝、三句半等语言类节目朗朗上口。今年7月12日，"石榴籽同心筑梦"农牧民文艺活动在内蒙古自治区兴安盟科尔沁右翼中旗高力板镇道本恩格尔嘎查开演。

近年来，兴安盟成立1088个覆盖盟旗乡村四级的"铸牢中华民族共同体意识促进会"，开展"石榴籽同心筑梦"等活动，使民族团结进步工作贴近实际、贴近生活、贴近群众。

铸牢中华民族共同体意识是新时代党的民族工作的"纲"，所有工作要向此聚焦。

党的十八大以来，统一战线全面深入持久开展民族团结进步创建，深化民族团结宣传教育，各族群众对伟大祖国、中华民族、中华文化、中国共产党、中国特色社会主义的认同持续增强，各民族像石榴籽一样紧紧抱在一起。

全面贯彻新时代党的宗教工作理论和方针政策，指导宗教界广泛开展国旗、宪法和法律法规、社会主义核心价值观、中华优秀传统文化进宗教活动场所等活动，润物无声的工作，使宗教界坚持我国宗教中国化方向的行动自觉不断增强。

发挥智力密集优势，建言献策支招，统一战线不断凝聚智慧——

今年上半年，全国无党派人士考察团围绕"加快经济社会高质量发展　推进共同富裕"主题开展考察调研。

从种植一线到企业园区，既有理论探讨，也有经验分享，更有对未来发展的畅想。无党派人士结合自身专业特长建言献策。

习近平总书记指出，知识分子是生产力的开拓者、文化的创造者、知识的传播者，必须把他们紧紧团结在党的周围，发挥他们的智慧和才能。

统一战线优化建言献策专家组、国情考察服务团等平台载体，引导党外人才聚焦中央关心、社会关注的重大问题深入调研、开展服务；持续加强新的社会阶层人士实践创新基地建设，在49个实践创新城市打造3批150个全国实践创新项目，组建全国新的社会阶层人士服务团以及28个分团和3个行业分团，推动统一战线成员建睿智之言，献务实之策。

牢记初心使命，砥砺前行向未来，统一战线不断凝聚力量——

"'文化小大使'不仅是一个称号，更是对我的激励""文化传播就在生活中的每个点滴"……在以"筑梦冬奥 相约北京"为主题的2021中国宋庆龄基金会"文化小大使"活动颁奖典礼上，30名中外青少年获得"文化小大使"称号，以青春之朝气，为促进世界和平注入新力量。

2022年4月23日，在由中国宋庆龄基金会联合广东省宋庆龄基金会、香港洛士文基金、澳门基金会共同举办的2022年粤港澳大湾区青少年公益年会启动仪式上，2022年北京冬奥会季军张楚桐在进行视频发言。新华社记者 金良快 摄

今年 5 月,在中国宋庆龄基金会成立 40 周年之际,习近平总书记致信祝贺,希望中国宋庆龄基金会秉承宋庆龄先生"永远和党在一起"的信念,为促进海内外中华儿女大团结作出新的更大的贡献。

新时代,统一战线坚定不移贯彻"一国两制"方针,坚定不移落实"爱国者治港""爱国者治澳"原则,持续发展壮大爱国爱港爱澳力量;始终坚持一个中国原则,坚持"九二共识"政治基础,广泛团结海内外台湾同胞,稳步推进反"独"促统工作,厚植支持和追求国家统一的民意基础;坚持凝心聚力同圆共享中国梦,海外统战工作和侨务工作开拓新局。

聚人心、筑同心。

今年是党的二十大召开之年,在以习近平同志为核心的党中央坚强领导下,统一战线正以"功成不必在我"的精神境界和"功成必定有我"的历史担当,以久久为功的定力和日日做功的毅力,增强各党派、各团体、各民族、各阶层以及各方面的大团结,凝聚一往无前的力量,推动中华民族伟大复兴的航船乘风破浪、扬帆远航。

(新华社北京 2022 年 7 月 28 日电　新华社记者王琦、范思翔、董博婷)

铸牢各民族团结奋斗的思想基础

3月5日,习近平总书记来到他所在的十三届全国人大五次会议内蒙古代表团,同人大代表们共商国是。热烈的交流、活跃的气氛、真挚的情谊,展现出"各民族在中华民族大家庭中像石榴籽一样紧紧抱在一起"的和睦景象。

我国是统一的多民族国家,各民族团结和谐,则国家兴旺、社会安定、人民幸福;反之,则国家衰败、社会动荡、人民遭殃。习近平总书记强调,民族团结是我国各族人民的生命线,中华民族共同体意识是民族团结之本。要紧紧抓住铸牢中华民族共同体意识这条主线,深化民族团结进步教育,引导各族群众牢固树立休戚与共、荣辱与共、生死与共、命运与共的共同体理念,不断巩固中华民族共同体思想基础。这是深刻总结历史经验教训得出的重要结论,也是着眼于维护中华民族大团结、实现中华民族伟大复兴中国梦作出的重大决策,为做好新时代党的民族工作提供了根本遵循。

回顾党的百年历程,党的民族工作取得的最大成就,就是走出了一条中国特色解决民族问题的正确道路。党的十八大以来,以习近平同志为核心的党中央创造性提出"铸牢中华民族共同体意识"这一重大论断,并将其作为新时代党的民族工作的主线,推动民族工作在创新发展中迈上新台阶。"十三五"时期,民族地区生产总值以高于全国同期0.9个百分点的速度增长。从如期兑现"全面建成小康社会,一个民族不能落下"的庄严承诺,到踏上"全面建设社会主义现代化,一个民族也不能落下"的新征程，实践充分证明，像珍视自己的生命一样珍视民族团结，各族人民才能安居乐业、共同发展，不断实现对美好生活的向往。

思所以危则安矣，思所以乱则治矣。无论是抵御各种极端、分裂思想的渗透颠覆，还是应对民族复兴进程中民族领域潜在的风险挑战，做好新时代党的民族工作，都要求我们进一步铸牢中华民族共同体意识，为党和国家兴旺发达、长治久安提供重要思想保证。只有构筑起维护国家统一和民族团结的坚固思想长城，夯实我国民族关系发展的思想基础，增进各民族对中华民族的自觉认同，才能共同维护好国家安全和社会稳定，实现好、维护好、发展好各民族根本利益。

知是行之始，行是知之成。铸牢中华民族共同体意识，必须自觉将思想和行动统一到习近平总书记重要讲话精神上来，全面理解和贯彻党的民族理论和民族政策。各族干部要从党和国家工作大局、从中华民族整体利益的高度想问题、作决策、抓工作，有利于铸牢中华民族共同体意识的工作要多做、做深做细做实，反之则坚决不做，不断提高政治判断力、政治领悟力、政治执行力。"致广大而尽精微"是成事之道，铸牢中华民族共同体意识既要做看得见、摸得着的工作，也要做大量"润物细无声"的事情，把各种工作往实里抓、往细里抓，采取有形、有感、有效举措，通过历史文化教育、公共政策建设、城市标志性建筑建设、旅游景观陈列等相关工作，扎实推进中华民族共有精神家园建设，促进各民族交往交流交融，不断夯实中华民族共同体意识思想文化基础。

力量生于团结，幸福源自奋斗。实现中华民族伟大复兴的中国梦，是56个民族共同的梦，归根到底要靠56个民族共同团结奋斗。让我们更加紧密地团结在以习近平同志为核心的党中央周围，不断铸牢中华民族共同体意识，凝心聚力、不懈奋斗，在新征程上共同建设伟大祖国，共同创造美好生活！

（新华社北京2022年3月5日电　新华社评论员）

延伸阅读

"团结成'一块坚硬的钢铁'"

习近平总书记10月17日上午参加党的二十大广西代表团讨论时强调,全党全国各族人民要在党的旗帜下团结成"一块坚硬的钢铁",心往一处想、劲往一处使,推动中华民族伟大复兴号巨轮乘风破浪、扬帆远航。

团结成"一块坚硬的钢铁",生动形象地指明团结奋斗之于民族复兴的重要意义。

习近平总书记提出学习贯彻党的二十大精神要"牢牢把握"5个方面,"牢牢把握团结奋斗的时代要求"就是其中之一,强调了要将团结奋斗与时代任务紧密结合。

"团结奋斗"是贯穿党的二十大报告的一个主题词——

习近平总书记向大会作了题为《高举中国特色社会主义伟大旗帜 为全面建设社会主义现代化国家而团结奋斗》的报告;

报告提出的大会主题强调,为全面建设社会主义现代化国家、全面推进中华民族伟大复兴而团结奋斗;

报告全篇,也以"团结奋斗"四字铿锵结语;

……

"团结奋斗"是贯穿党百年历程的一项重要启示——

习近平总书记曾深刻指出:"一百年来,党和人民取得的一切成就都是团结奋斗的结果,团结奋斗是中国共产党和中国人民最显著的精神标识。"

党的二十大报告在总结新时代十年三件大事时指出,"这是中国共产党和中国人民团结奋斗赢得的历史性胜利"。

新时代新征程,"团结奋斗"具有更加重要的现实意义——

党的二十大报告提出,从现在起,中国共产党的中心任务就是团结带领全国各族人民全面建成社会主义现代化强国、实现第二个百年奋斗目标,以中国式现代化全面推进中华民族伟大复兴。

未来五年是全面建设社会主义现代化国家开局起步的关键时期。在百年变局和世纪疫情交织的复杂形势下,前进路上不会是风平浪静,要"准备经受风高浪急甚至惊涛骇浪的重大考验"。

今年以来,习近平总书记多次强调"团结奋斗"的重要性。

在省部级主要领导干部专题研讨班上强调,"踔厉奋发、勇毅前行、团结奋斗";在参观"奋进新时代"主题成就展时再次强调团结奋斗……

中国共产党始终同人民想在一起、干在一起,始终是中国人民团结在一起的主心骨,始终是中华民族的中流砥柱。

70多年前,我们党制定的第一个历史决议指出"团结全党同志如同一个和睦的家庭一样,如同一块坚固的钢铁一样",统一了全党的认识,增强了全党的团结,促进了人民革命事业的迅猛前进和伟大胜利。

今天,在迈向现代化新征程的重要关头,习近平总书记再以"钢铁"为喻,指引全党全国各族人民在党的旗帜下团结成"一块坚硬的钢铁",撸起袖子加油干,风雨无阻向前进。

"团结才能胜利,奋斗才会成功。"只要团结在党的旗帜下,全党全国各族人民团结成"一块坚硬的钢铁",就没有战胜不了的艰难险阻,就没有成就不了的宏图大业。

第四章

新时代我国发展壮大的必由之路
——贯彻新发展理念

完整准确全面贯彻新发展理念

——四论深刻把握"五个必由之路"的重要认识

发展是党执政兴国的第一要务，是解决我国一切问题的基础和关键。全国两会期间，习近平总书记强调"贯彻新发展理念是新时代我国发展壮大的必由之路"，深刻揭示了新时代中国发展进步的成功之道，为我们在新征程上继续推进经济社会发展提供了重要遵循。

理念是行动的先导。党的十八大以来，以习近平同志为核心的党中央科学判断经济形势，形成经济社会发展许多重大理论创新，提出以"创新、协调、绿色、开放、共享"为主要内容的新发展理念。新发展理念是一个系统的理论体系，回答了关于发展的目的、动力、方式、路径等一系列理论和实践问题，阐明了我们党关于发展的政治立场、价值导向、发展模式、发展道路等重大政治问题。在新发展理念指引下，我国经济社会发展取得历史性成就、发生历史性变革。实践充分证明，新发展理念具有很强的战略性、纲领性、引领性，是指挥棒、红绿灯，是我国发展思路、发展方向、发展着力点的集中体现，是管全局、管根本、管长远的导向。

当前，我国经济发展面临需求收缩、供给冲击、预期转弱三重压力。世纪疫情冲击下，百年变局加速演进，外部环境更趋复杂严峻和不确定。无论国际风云如何变幻，我们都要坚定不移做好自己的事情，完整、准确、全面贯彻新发展理念，加快构建新发展格局，推动高质量发展，不断提高我国发展的竞争力和持续力，在日趋激烈的国际竞争中把握主动、赢得未来。

"天地之大，黎元为本。"人民是我们党执政的最深厚基础和最大底气。为人民谋幸福、为民族谋复兴，这既是我们党领导现代化建设的出发点和落脚点，也是新发展理念的"根"和"魂"。贯彻新发展理念，要始终坚持以人民为中心，坚持发展为了人民、发展依靠人民、发展成果由人民共享。要顺应人民对美好生活的向往，按照经济社会发展规律循序渐进，坚持在发展中保障和改善民生，促进社会公平正义，让发展成果更多更公平惠及全体人民，不断增强人民群众的获得感、幸福感、安全感。

问题是时代的声音。贯彻新发展理念，要始终坚持问题导向，着力补齐发展短板，切实解决好发展不平衡不充分的问题。"石以砥焉，化钝为利。"无论是持续缩小城乡区域发展差距，还是破解"卡脖子"问题、加快实现科技自立自强；无论是推动生产和生活体系向绿色低碳转型，还是处理好自立自强和开放合作的关系，都要求我们不断深化对新发展理念的理解，采取更加精准务实的举措，在攻坚克难、化危为机中不断提升发展质量、开创发展新局面。

贯彻新发展理念，重在真抓实干，将其落实到经济社会发展全过程和各领域。要把科技自立自强作为国家发展的战略支撑，持续激发创新这个第一动力；要全面推进乡村振兴，推进城乡区域协调发展和新型城镇化，突出协调这个内生特点；要加快推动绿色发展、持续改善生态环境，积极稳妥推进碳达峰碳中和工作，让绿色成为发展的普遍形态；要扩大高水平开放、高质量共建"一带一路"，让开放这条必由之路越走越宽；要不断促进人的全面发展和社会全面进步，扎实推动共同富裕，不断彰显共享这一发展的根本目的。

发展之路永无止境，奋斗步伐永不停歇。在以习近平同志为核心的党中央坚强领导下，亿万中国人民踔厉奋发、开拓进取，不断实现更高质量、更有效率、更加公平、更可持续、更为安全的发展，就一定能创造让世界刮目相看的发展新奇迹。

（新华社北京 2022 年 3 月 13 日电　新华社评论员）

迈向更加光明的发展前景

——党的十八大以来推进高质量发展述评

发展是党执政兴国的第一要务,新时代新阶段的发展必须是高质量发展。

党的十八大以来,以习近平同志为核心的党中央洞察国际国内大局大势,高瞻远瞩、运筹帷幄,准确把握新发展阶段,全面贯彻新发展理念,加快构建新发展格局,引领中国经济沿着高质量发展轨道迈向更加光明的前景,为实现中华民族伟大复兴奠定更为雄厚的物质基础。

中国经济转向高质量发展阶段

进入9月,2022世界人工智能大会、2022全国专精特新中小企业发展大会、第二十二届中国国际投资贸易洽谈会……一系列重要活动的密集举行,成为世界观察中国经济高质量发展的窗口。

党的十九大明确提出,我国经济已由高速增长阶段转向高质量发展阶段。这一重大判断,指明了新时代我国经济发展的基本特征。

习近平总书记在多个重要场合就什么是高质量发展、怎样才能实现高质量发展作出深刻阐释:

"高质量发展,就是能够很好满足人民日益增长的美好生活需要的发展""高质量发展,就是从'有没有'转向'好不好'""高质量发展不只是一个经济要求,而是对经济社会发展方方面面的总要求"。

2022年9月1日,工作人员(左一)向参观者介绍微创骨科手术机器人。当日,2022世界人工智能大会在上海世博中心拉开帷幕。新华社记者 方喆 摄

2022年9月8日拍摄的第二十二届投洽会展馆现场。当日,以"全球发展:共享数字机遇、投资绿色未来"为主题的第二十二届中国国际投资贸易洽谈会(简称"投洽会")在福建厦门开幕。新华社记者 魏培全 摄

这是再塑中国经济的伟大创举——推动高质量发展，是保持经济持续健康发展的必然要求，是适应我国社会主要矛盾变化和全面建成小康社会、全面建设社会主义现代化国家的必然要求，是遵循经济规律发展的必然要求。

时间回到2012年。彼时的中国，行至一个新的历史关头，亟待解决粗放发展方式难以为继、发展仍不平衡不充分等诸多"发展起来以后的问题"。

习近平总书记进行深邃思考，并提出一系列重要论断、作出重要指示：

从明确提出坚持以人民为中心的发展思想到不再简单以国内生产总值增长率论英雄，从判断我国经济发展处于"三期叠加"时期到指出我国经济发展进入"新常态"，从强调使市场在资源配置中起决定性作用到着力加强供给侧结构性改革……这一系列深远谋划指引经济建设以高质量发展实现新飞跃。

10年来，我国经济迈上更高质量、更有效率、更加公平、更可持续、更为安全的发展之路——

经济总量占全球经济比重由11.4%上升到18%以上，对世界经济增长的贡献总体上保持在30%左右；制造业增加值占全球比重从22.5%提高到近30%，单位GDP二氧化碳排放量却累计下降约34%；建成世界上规模最大的社会保障体系，全面建成小康社会、历史性地解决了绝对贫困问题。

进入"十四五"，我国又踏上全面建设社会主义现代化国家、向第二个百年奋斗目标进军的新征程。

习近平总书记指出："高质量发展是'十四五'乃至更长时期我国经济社会发展的主题""新时代新阶段的发展必须贯彻新发展理念，必须是高质量发展"。

新征程上，面对更多逆风逆水的外部环境，只有把高质量发展主题贯穿到经济社会发展各领域和全过程，真抓实干、久久为功，才能更好抵御各种风险挑战，实现高质量发展和高水平安全的良性互动。

新发展理念开启关系发展全局的深刻变革

2022年9月6日，中央全面深化改革委员会第二十七次会议审议通过了《关于健全社会主义市场经济条件下关键核心技术攻关新型举国体制的意见》等五个重要文件，件件体现新发展理念，关乎高质量发展。

"要完整、准确、全面贯彻新发展理念"，习近平总书记在主持会议时强调。

理念是行动的先导。发展理念是否对头，从根本上决定着发展成效乃至成败。

在甘肃省武威市古浪县八步沙林场，场长郭万刚（左一）和大家一起前往治沙点（2019年8月23日摄，无人机照片）。新华社记者 范培珅 摄

2015年10月，党的十八届五中全会提出创新、协调、绿色、开放、

共享的新发展理念,集中反映了我们党对经济社会发展规律认识的深化。

2021年1月11日,习近平总书记在省部级主要领导干部学习贯彻党的十九届五中全会精神专题研讨班上指出:"党的十八大以来我们对经济社会发展提出了许多重大理论和理念,其中新发展理念是最重要、最主要的""全党必须完整、准确、全面贯彻新发展理念"。

以新发展理念为引领,一场关系我国发展全局的深刻变革全面开启——

以创新驱动提升高质量发展新动能。

2022年8月17日,正在辽宁考察的习近平总书记来到沈阳新松机器人自动化股份有限公司,重点考察了企业自主创新情况。

沈阳新松机器人自动化股份有限公司生产车间(2022年4月28日摄)。新华社记者 潘昱龙 摄

总书记指出:"全面建设社会主义现代化强国,实现第二个百年奋斗目标,必须走自主创新之路。要时不我待推进科技自立自强,只争朝夕突破'卡脖子'问题,努力把关键核心技术和装备制造业掌握在我们

自己手里。"

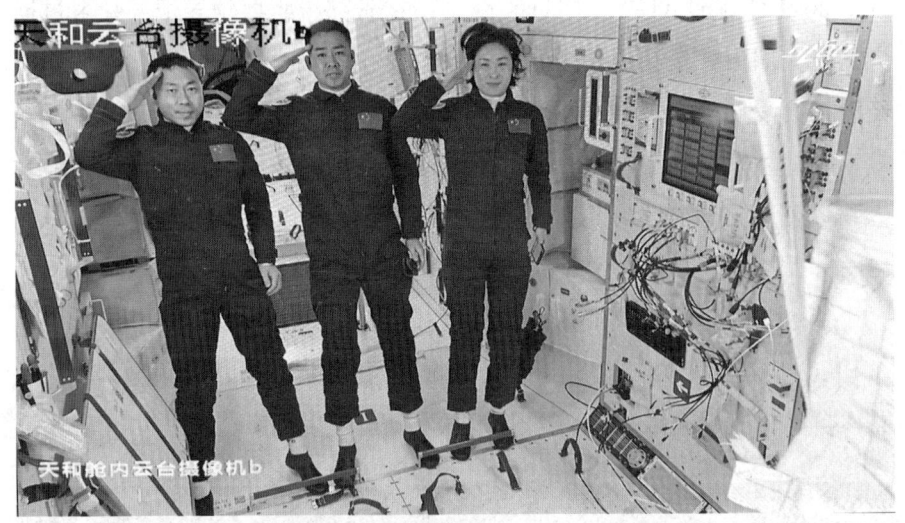

2022年6月5日在北京航天飞行控制中心拍摄的进驻天和核心舱的航天员陈冬（中）、刘洋（右）、蔡旭哲向全国人民敬礼的画面。新华社记者 李鑫 摄

作出建设科技强国的重大决策，把科技自立自强作为国家发展的战略支撑……党的十八大以来，在习近平总书记引领下，我国全社会研发投入与国内生产总值的比例由1.91%提高到了2.44%，全球创新指数的排名由第34位上升到了第12位，天宫、蛟龙、北斗等一大批重大创新成果竞相涌现，为推进高质量发展提供根本支撑。

以绿色发展增强高质量发展底色。

曾经，秦岭北麓违建别墅如块块疮疤令人痛心。为保护好秦岭生态环境，习近平总书记先后6次作出重要指示批示，推动问题整改解决。

亲自"出题"，亲自"验收"。党的十八大以来，习近平总书记就一些严重损害生态环境事件作出重要指示批示，要求严肃查处，扭住不放，一抓到底，不彻底解决绝不松手。

2019年8月，习近平总书记在甘肃考察时强调，只要贯彻新发展理念，绿水青山就可以成为金山银山。

第四章
新时代我国发展壮大的必由之路——贯彻新发展理念

大型机械在陕西省西安市长安区秦岭违建别墅群"群贤别业"内进行拆除工作（2018年9月6日摄，无人机照片）。新华社记者 邵瑞 摄

创新是引领发展的第一动力，协调是持续健康发展的内在要求，绿色是永续发展的必要条件和人民对美好生活追求的重要体现，开放是国家繁荣发展的必由之路，共享是中国特色社会主义的本质要求。新发展理念回答了关于发展的目的、动力、方式、路径等一系列理论和实践问题。

习近平总书记深刻指出："新发展理念和高质量发展是内在统一的，高质量发展就是体现新发展理念的发展。"

踏上新征程，新发展理念正引领中国经济在高质量发展的宽阔大道上坚定前行。

在构建新发展格局中展现新作为

"没想到价格不菲的羊驼玩偶这么受欢迎""所有六种口味的斯里兰卡红茶都卖完了""明年我们要申请更大的展位"……

刚刚闭幕的2022年服贸会上，众多海外参展商的心声折射出中国超大规模市场的魅力。随着构建新发展格局的扎实推进，中国的市场潜力正在不断激发，同世界各国实现互利共赢。

观众在2022年中国国际服务贸易交易会首钢园区的文旅服务专题展区游览购物（2022年9月4日摄）。新华社记者 韩旭 摄

这是把握发展主动权的先手棋。世纪疫情突如其来，全球经济遭受严重冲击。2020年3月底，习近平总书记前往浙江考察复工复产情况。

总书记一路看一路思考："我感觉到，现在的形势已经很不一样了，大进大出的环境条件已经变化，必须根据新的形势提出引领发展的新思路。"

2020年4月10日，中央财经委员会第七次会议上，习近平总书记首次提出构建新发展格局。

此后，党的十九届五中全会对构建新发展格局作出全面部署。"十四五"规划和2035年远景目标纲要中，以"形成强大国内市场 构建新发展格局"专篇阐述。

着眼大局、顺应大势，习近平总书记为我国中长期发展作出战略谋划——

"在推动高质量发展上闯出新路子，在构建新发展格局中展现新作为""要牢牢把握扩大内需这个战略基点，努力探索形成新发展格局的有效路径""我们强调构建新发展格局，不是关起门来搞建设，而是要继续扩大开放"……

无论是国内考察座谈，还是出席国际会议，习近平总书记多次就构建新发展格局作出阐释和部署。

加快培育完整内需体系、加快科技自立自强、推动产业链供应链优化升级、推进农业农村现代化、提高人民生活品质、牢牢守住安全发展这条底线……把握好重要着力点，构建新发展格局加快落地。

参展人员在第130届广交会现场（2021年10月15日摄）。新华社记者 刘大伟 摄

印发《建设高标准市场体系行动方案》，通过《关于加快构建新发展格局的指导意见》，举办广交会、消博会、服贸会、进博会等一系列

国际经贸盛会,统筹推进 21 个自由贸易试验区,区域全面经济伙伴关系协定正式生效,共建"一带一路"朋友圈扩至 149 个国家、32 个国际组织……向改革开放要动力,我国高质量发展的竞争力不断增强。

习近平总书记强调:"加快构建新发展格局,就是要在各种可以预见和难以预见的狂风暴雨、惊涛骇浪中,增强我们的生存力、竞争力、发展力、持续力,确保中华民族伟大复兴进程不被迟滞甚至中断。"

观众在第二届中国国际消费品博览会上体验按摩电竞椅(2022 年 7 月 28 日摄)。新华社记者 郭程 摄

破浪前行,把舵定向。

在以习近平同志为核心的党中央坚强领导下,准确把握时与势,立足新发展阶段、贯彻新发展理念、构建新发展格局,坚定不移推动高质量发展,我国迈向现代化强国的道路更加清晰、步伐更加坚定。

(新华社北京 2022 年 9 月 11 日电 新华社记者谢希瑶、潘洁、刘夏村)

描绘美丽中国新画卷

——从"奋进新时代"主题成就展看新时代生态文明建设

从万里长江到莽莽秦岭，从青藏高原到东海之滨，从"人进沙退"的塞外到重新通航的大运河……行走于在北京举行的"奋进新时代"主题成就展各单元，如同翻阅一部"绿水青山就是金山银山"的大书。

党的十八大以来，以习近平同志为核心的党中央站在中华民族永续发展的战略高度，深入推动生态文明体制改革，创造了举世瞩目的绿色发展奇迹，有力促进了人与自然和谐共生的现代化建设。

共建万物和谐的美丽家园

在云南展区最显著位置，一面高 5 米多、宽 6 米多的弧形多媒体屏幕墙正在播放裸眼 3D 视频"大象迎宾"。

视频讲述了 2021 年云南亚洲象北迁南归的故事。亚洲象一家三口从热带雨林中缓缓走出，开启了一场奇妙旅途，展示了人与自然和谐共生美好画卷。

"归来"主题，在各地不断上演，在各展区频繁出现。

在实施十年禁渔的长江，"微笑天使"江豚等珍稀水生生物物种"归来"了。

在"生态优先天津蔚"单元,通过裸眼 3D 技术,观众可以看到七里海、团泊、大黄堡、北大港四大湿地，白鹭、东方白鹳等鸟类"归来"了。

在华北平原淡水湖泊白洋淀，多年没有见到的鳑鲏鱼等一些土著鱼类"归来"了，野生鸟类增加到237种，"华北明珠"重放异彩。

首都经济贸易大学教师张贵祥对北京展区显示的超大城市减量瘦身高质量协调发展印象深刻，"京津冀协同发展，首都水源密云水库及入库支流潮河、白河水质稳定达到Ⅱ类……我坚信，未来会在过去十年的基础上继续欣欣向荣，绘出万里锦绣河山。"

人不负青山，青山定不负人。

我们身边的蓝天白云渐成常态、绿水青山随处可见，百姓生态环境获得感、幸福感、安全感显著增强。

据国家统计局2021年调查统计，人民群众对生态环境的满意度超过了90%。

北京语言大学心理学院研究生曹依帆说，展馆按省份依次展开，让人感受到祖国的绿水青山和繁荣富强，感受到党为了人民幸福而作出的巨大努力。

把生态文明建设纳入制度化、法治化轨道

在中央展区第四单元，整齐摆放着党的十八大以来出台、完善的多部法律文书。

"这是2018年3月，十三届全国人大一次会议表决通过宪法修正案。"讲解声让观众的目光聚焦到一张照片上：一位身着少数民族服装的全国人大代表站立在票箱前，双手投下庄严一票……

继"增强绿水青山就是金山银山的意识"正式写入党章之后，贯彻新发展理念、生态文明等内容写入宪法，党的主张、人民的意愿转化为国家意志，生态文明建设纳入制度化、法治化轨道。

展览墙上一张大幅照片，定格了一个激动人心的历史时刻——2020年5月28日下午3时许，人民大会堂，参加十三届全国人大三次会议的代表表决通过了民法典。

"绿色原则"为民法典注入"绿色基因",为世界生态文明发展提供了"中国方案"。

告别"九龙治水",实现"多规合一",涉及人民群众生活生产的空间规划,从来都是热门话题。

从中央展区第二单元到第七单元,再到各省份单元,"多规合一"以不同方式形成"变奏"。

第二单元图表显示,我国将主题功能区规划、土地利用规划、城乡规划等空间规划,融合为统一的国土空间规划,实现"多规合一";第七单元图表指出,"全国统一、权责清晰、科学高效"的国土空间规划体系总体形成。

建设生态文明,重在建章立制。聚焦污染防治三大攻坚战,修改大气污染防治法、水污染防治法、固体废物污染环境防治法,制定土壤污染防治法、噪声污染防治法;聚焦自然资源保护利用,修改森林法、野生动物保护法,制定生物安全法、湿地保护法、黑土地保护法、长江保护法;我国首创河湖长制度,首创生态保护红线制度;建立以国家公园为主体的自然保护地体系。

数据显示,2013年至2021年,人民法院审理的以污染环境罪定罪的案件年均超过了2000件,而2013年之前每年也就是几十件。

构建新发展格局 探索绿色发展新路径

沿着展区移步向前,两张独特的"首发"证书映入眼帘:

2017年3月13日,海南省生态环境厅向华能海南发电股份有限公司海口电厂发放我国第一张排污许可证;2021年7月16日,全国碳市场交易机构向参与全国碳市场上线首日交易的国家能源投资集团有限公司专门颁发纪念证书。

两件展品,见证着经济社会全面绿色转型、美丽中国建设的扎实步伐。

十年来,我国碳排放强度下降34.4%,扭转二氧化碳排放快速增长态势,绿色日益成为高质量发展的鲜明底色。

在河北单元,河钢集团智能"无人化"料场图片吸引不少参观者。这是全球首座智能"无人化"全封闭料场。落实"去调转"的河钢集团,已成为我国家电板和汽车用钢重要供应商。

十年来,河北破解"一钢独大"困局、摒弃"黑色增长"、推进新旧动能转换……"'去'出新空间、'调'出高质量、'转'出新动能",图片和模型展示出河北省高质量发展不断迈出新步伐。

在新疆单元,一个卡通风格的中速永磁智能风力发电机组模型,让不少观众忍不住想触摸一下。这个萌萌的模型,体现着新疆新能源产业高质量发展之路。

"一眼看过去,像是一面巨大的同心圆镜,壮观!"不止一名参观者说,中央综合展区一张敦煌100兆瓦熔盐塔式光热电站照片吸引了很多人。

这是我国目前建成规模最大、吸热塔最高、可24小时连续发电的100兆瓦熔盐塔式光热电站。电站内的设计年发电量达3.9亿千瓦时,每年可减排二氧化碳35万吨。

长6米、宽4米的"南水北调东、中线一期工程"沙盘,以铜浮雕形式展示了南水北调工程相关线路,格外引人瞩目。

十年来,南水北调累计供水量达到565亿立方米,在惠及1.5亿人之外,促进了产业结构调整,并使华北地区地下水水位总体回升。

在重庆展区,我国自主研制的国内首台深远海浮式风电装备"扶摇号"亮相,它可应用于平均水深65米的深海海域,填补了我国深远海浮式风电装备空白,成为我国进军深远海能源开发领域的一大"利器"。

自然资源部数据显示,目前我国海洋清洁能源开发势头强劲,2021

年全国海上风电新增并网容量1690万千瓦，同比增长4.5倍，累计容量跃居世界第一。

参观展览的北京高校老师潘冬子说，国家越来越重视生态的保护和物种的延续。"绿水青山就是金山银山，坚持人与自然和谐共生，这是十年来人们感受最深的发展理念。"

（新华社北京2022年10月13日电　新华社记者王立彬、胡璐、田晨旭）

用好决定中国命运的"关键一招"

——党的十八大以来全面深化改革持续推进述评

"新时代坚持和发展中国特色社会主义,根本动力仍然是全面深化改革。"

党的十八大以来,以习近平同志为核心的党中央不断推动全面深化改革向广度和深度进军,中国特色社会主义制度更加成熟更加定型,国家治理体系和治理能力现代化水平不断提高,党和国家事业焕发出新的生机活力。

"改革只有进行时,没有结束时"

2012年11月15日,北京人民大会堂。

面对中外记者,刚刚当选中共中央总书记的习近平语气坚定,宣示"继续解放思想,坚持改革开放,不断解放和发展社会生产力"。

时隔不到一个月,习近平总书记第一次赴地方考察调研,就直奔改革开放前沿——广东。

在广东之行中,习近平总书记深刻指出:"改革开放是决定当代中国命运的关键一招,也是决定实现'两个一百年'奋斗目标、实现中华民族伟大复兴的关键一招。"

2013年11月,党的十八届三中全会胜利召开,由习近平总书记亲自主持起草的《中共中央关于全面深化改革若干重大问题的决定》通过。

全会确定全面深化改革的总目标、战略重点、优先顺序、主攻方向、工作机制、推进方式和时间表、路线图。

这是深圳市民中心和莲花山公园一线（2020年10月2日摄，无人机照片）。新华社记者 梁旭 摄

党的十八届三中全会是划时代的，实现了改革由局部探索、破冰突围到系统集成、全面深化的转变，开创了我国改革开放新局面。

习近平总书记在一次次深入基层的考察调研中，不断谋划改革全局、推动改革实践。在中央全面深化改革委员会（领导小组）会议上，习近平总书记针对改革推进情况，讲方法、明路径、指方向。

在习近平总书记擘画下，各方面改革蹄疾步稳推进——

经济体制改革不断完善，政治体制改革稳步推进，文化体制改革创新发展，社会体制改革全面推进，生态文明体制改革加快推进，党的建设制度改革扎实推进，纪律检查体制改革取得重要阶段性成果，国防和军队改革取得历史性突破……

在以习近平同志为核心的党中央领航下，我们党对全面深化改革的认识不断升华——

党的十九大将"全面深化改革"列入新时代坚持和发展中国特色社会主义的基本方略，明确为习近平新时代中国特色社会主义思想的重要内容；

党的十九届四中全会专门研究坚持和完善中国特色社会主义制度、

推进国家治理体系和治理能力现代化并作出决定，描绘中国特色社会主义的制度图谱；

党的十九届六中全会通过的《中共中央关于党的百年奋斗重大成就和历史经验的决议》，用"十个明确"概括习近平新时代中国特色社会主义思想的核心内涵，其中之一即"明确全面深化改革总目标是完善和发展中国特色社会主义制度、推进国家治理体系和治理能力现代化"。

全面发力、多点突破、蹄疾步稳、纵深推进。

党的十八大以来，全面深化改革从夯基垒台、立柱架梁到全面推进、积厚成势，再到系统集成、协同高效，各领域基础性制度框架基本确立，许多领域实现历史性变革、系统性重塑、整体性重构。

"敢于啃硬骨头，敢于涉险滩"

"改革关头勇者胜，我们将以敢于啃硬骨头、敢于涉险滩的决心，义无反顾推进改革。"当改革进入攻坚期和深水区，习近平总书记这样明确表示。

2018年6月30日，作为全国33个农村土地制度改革试点地区之一的浙江德清县，率先颁发了首批宅基地"三权分置"证书。来自4个村的农民代表、民宿业主代表、集体土地所有权代表签订三方流转合同，获颁了第一批真正意义的农村宅基地"三权分置"不动产证。

新时代的农村土地改革以盘活土地资源，激活农村潜力为落脚点，农村承包地"三权分置"改革，农村土地征收、集体经营性建设用地入市、宅基地制度改革试点等一系列重大制度创新接续推进，催生出乡村振兴的巨大内生动力。

哪里有瓶颈制约，哪里就是改革的主攻方向。

如何破除案件审理"审者不判、判者不审"的顽疾？司法体制改革给出答案。2017年7月3日，最高人民法院举行首批员额法官宣誓仪式，这标志着法官员额制改革在全国法院全面落实。员额制改革让司法力量集中到办案一线,有效提升办案质效,推动司法责任制改革实现"让审理者裁判、由裁判者负责"。

在安徽省宣城市旌德县首本农村宅基地"三权分置"不动产权登记证发证仪式上,宅基地使用权人王五四(左),宅基地资格权人方圣莲(中)和宅基地所有权人、旌德县兴隆镇大礼村民委员会代表孙秀宝展示领到的农村宅基地"三权分置"不动产权证书(2018年2月27日摄)。新华社记者 刘军喜 摄

问题所指,改革所向。党的十八大以来,司法机关通过深化体制机制改革,提高司法能力和公信力,制约司法能力、影响司法公正的深层次、体制性问题逐步解决。

生态文明体制改革顶层设计引导改革超越既有利益格局,环保督察、河湖长制、国家公园等创新举措陆续面世,美丽中国加快建设;加快实施创新驱动发展战略,完善科技创新体制机制,创新活力竞相迸发;重塑重构军队领导指挥体制、现代军事力量体系、军事政策制度,推动军民融合深度发展,人民军队体制一新、结构一新、格局一新、面貌一新……全面深化改革始终坚持问题导向，聚焦党和国家事业发展的中心任务推动体制机制改革，促进制度建设和治理效能更好转化融合。

武夷山国家公园武夷断裂带峡谷内云雾缭绕，村庄若隐若现（2020年12月1日摄，无人机照片）。新华社记者 姜克红 摄

新时代全面深化改革，对改革的系统性、整体性、协同性要求更强。

深化党和国家机构改革，是一次全面深化改革的战略性战役，是推进国家治理体系和治理能力现代化的一次集中行动：仅在中央和国家机关层面就涉及180多万人，新组建党中央决策议事协调机构3个、更名4个，组建和重新组建部级机构25个，调整优化领导管理体制和职责部级机构31个……

避免"碎片化"，善打"组合拳"。

全面深化改革注重理清重大改革的逻辑关系，既抓方案协同，也抓落实协同、效果协同，在国企改革、科技体制改革、农村土地制度改革、生态文明体制改革、司法体制改革、党的建设制度改革、构建开放型经济新体制等方面集中攻坚，改革充分衔接、相互耦合。

改革不停顿，开放不止步。

金秋送爽，华灯璀璨。今年8月31日晚，位于北京中轴线上的国家会议中心，迎来2022年中国国际服务贸易交易会。

习近平总书记的贺信发出坚定不移对外开放的强音："中国愿同世界各国一道，坚持真正的多边主义，坚持普惠包容、合作共赢，携手共促开放共享的服务经济，为世界经济复苏发展注入动力。"

观众在国家会议中心参观2022年中国国际服务贸易交易会中国服务贸易成就展专区（2022年9月1日摄）。新华社记者 才扬 摄

在开放中创造机遇，在合作中破解难题：外商投资法和优化营商环境条例正式施行，取消外资逐案审批制；授权全国所有地级及以上城市开展外商投资企业注册登记，通关便利化水平进一步提升；构建广交会、进博会、服贸会等经贸盛会"矩阵"……中国以开放姿态拥抱世界，激活自身发展的澎湃春潮，为全球经济注入强大动能。

"让改革发展成果更多更公平惠及全体人民"

"我们党推进全面深化改革的根本目的,就是要促进社会公平正义,让改革发展成果更多更公平惠及全体人民。"

党的十八大以来,以习近平同志为核心的党中央坚持以人民为中心的发展思想,推动改革发展成果更多更公平惠及全体人民,凝聚起新时代全面深化改革开放的强大力量。

安徽省合肥市包河区同安街道甘棠苑小区回迁居民在小区内散步(2020年9月5日摄)。新华社记者 刘军喜 摄

老百姓关心什么、期盼什么,改革就要抓住什么、推进什么。

社会救助体系基本建立,每年近5000万困难群众得到基本生活救助;改革完善住房制度,累计建设各类保障性住房和棚改安置住房8000多万套;持续开展"减证便民",各地方各部门清理证明事项2.1万多项……一项项改革,聚焦群众"急难愁盼",强了信心、暖了人心、聚了民心。

一批改革硬招实招击中要害,将促进社会公平正义、增进人民福祉的价值取向进行到底。

深化医药卫生体制改革,引导医疗卫生工作重心下移、资源下沉;深化教育教学改革创新,推进义务教育均衡发展和城乡一体化;加快建设养老服务体系,调整优化生育政策,促进人口长期均衡发展……

贵州省黔东南苗族侗族自治州榕江县第四中学学生在上体育课(2018年12月13日摄)。新华社记者 杨楹 摄

改革智慧来自亿万人的创造,改革成果由人民共享。

习近平总书记指出:"正确的道路从哪里来?从群众中来。我们要眼睛向下,把顶层设计同问计于民统一起来。"

三明医改,这一来自基层的改革探索,全国闻名。如今,这里又有了新探索:乡村医生为村民看病抓药的时候,会一次开出"三张处方"——药品处方、生活运动处方、饮食处方。

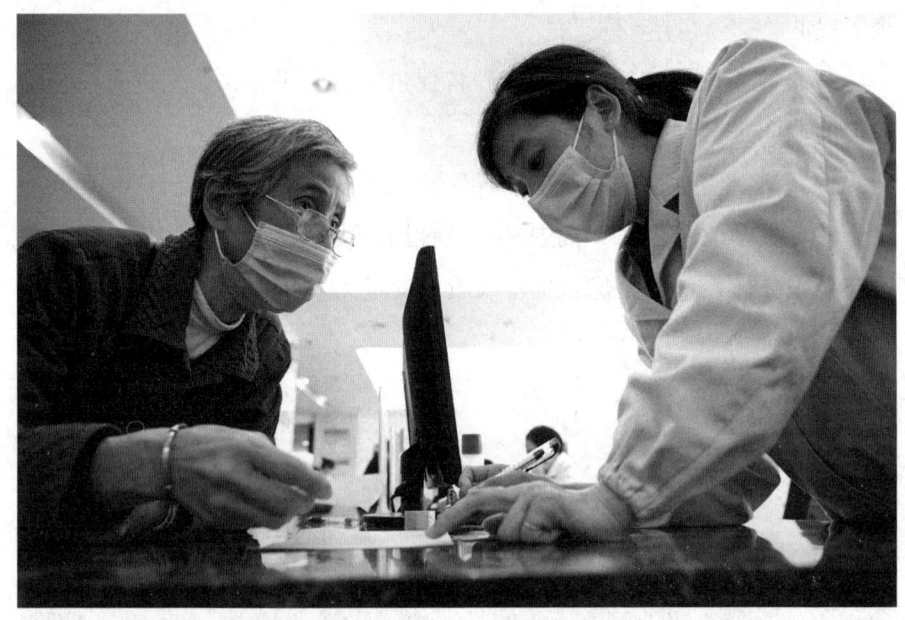

福建省三明市第一医院的医保办工作人员（右）向前来咨询药品报销问题的居民讲解相关政策（2020年11月18日摄）。新华社记者 姜克红 摄

"面对群众的新需求，我们要想方设法当好健康'守门人'。要在基层多做'防'的工作，多做精细化的健康管理。"当地的乡村医生说。

北京"街乡吹哨、部门报到"、浙江"最多跑一次"改革……全面深化改革激发人民首创精神，凝聚起团结奋进的共识。

今年以来，习近平总书记已经四次主持召开中央全面深化改革委员会会议，审议建设世界一流企业、普惠金融高质量发展、数字政府建设、加强和改进行政区划工作等重大议题，推动全面深化改革向纵深推进。

惟改革者进，惟创新者强，惟改革创新者胜。

在以习近平同志为核心的党中央坚强领导下，以改革为先导、向改革要动力，亿万中华儿女必将在中华民族伟大复兴不可逆转的历史进程中创造新的发展奇迹！

（新华社北京2022年9月8日电　新华社记者杨维汉、白阳、王琦）

习近平提出，加快构建新发展格局，着力推动高质量发展

习近平在二十大报告中提出，必须完整、准确、全面贯彻新发展理念，坚持社会主义市场经济改革方向，坚持高水平对外开放，加快构建以国内大循环为主体、国内国际双循环相互促进的新发展格局。

习近平强调，要坚持以推动高质量发展为主题，把实施扩大内需战略同深化供给侧结构性改革有机结合起来，增强国内大循环内生动力和可靠性，提升国际循环质量和水平，加快建设现代化经济体系，着力提高全要素生产率，着力提升产业链供应链韧性和安全水平，着力推进城乡融合和区域协调发展，推动经济实现质的有效提升和量的合理增长。

一是构建高水平社会主义市场经济体制。坚持和完善社会主义基本经济制度，毫不动摇巩固和发展公有制经济，毫不动摇鼓励、支持、引导非公有制经济发展，充分发挥市场在资源配置中的决定性作用，更好发挥政府作用。

二是建设现代化产业体系。坚持把发展经济的着力点放在实体经济上，推进新型工业化，加快建设制造强国、质量强国、航天强国、交通强国、网络强国、数字中国。

三是全面推进乡村振兴。坚持农业农村优先发展，坚持城乡融合发展，畅通城乡要素流动。扎实推动乡村产业、人才、文化、生态、组织振兴。全方位夯实粮食安全根基，牢牢守住十八亿亩耕地红线。深化农村土地制度改革，赋予农民更加充分的财产权益。保障进城落户农民合

法土地权益，鼓励依法自愿有偿转让。

四是促进区域协调发展。深入实施区域协调发展战略、区域重大战略、主体功能区战略、新型城镇化战略，优化重大生产力布局，构建优势互补、高质量发展的区域经济布局和国土空间体系。

五是推进高水平对外开放。稳步扩大规则、规制、管理、标准等制度型开放。加快建设贸易强国。营造市场化、法治化、国际化一流营商环境。推动共建"一带一路"高质量发展。有序推进人民币国际化。深度参与全球产业分工和合作，维护多元稳定的国际经济格局和经贸关系。

（新华社北京 2022 年 10 月 16 日电）

延伸阅读

党的二十大新闻中心举行第一场记者招待会 介绍贯彻新发展理念、构建新发展格局、推动 高质量发展有关情况

党的二十大新闻中心17日上午举行第一场记者招待会，国家发展改革委党组成员、副主任赵辰昕，国家发展改革委党组成员、国家粮食和物资储备局党组书记、局长丛亮，国家能源局党组成员、副局长任京东等三位代表，向中外记者介绍了贯彻新发展理念、构建新发展格局、推动高质量发展，以中国式现代化全面推进中华民族伟大复兴有关情况，并回答了记者提问。

理论创新引领经济社会发展取得历史性成就

赵辰昕介绍，党的十八大以来，我国经济社会发展取得了历史性的成就、发生了历史性的变革。从2012年到2021年，我国国内生产总值从53.9万亿元增长到114.4万亿元，我国经济占世界经济的比重从11.3%增长到18.5%，我国人均国内生产总值从39800元增长到81000元。

他表示，我国经济实力的历史性跃升，经济建设极不寻常、极不平凡的伟大成就，是在国际形势严峻复杂、各类重大风险挑战接踵而至的大背景下实现的。这得益于习近平总书记的掌舵领航，得益于习近平新时代中国特色社会主义思想的科学指引。

赵辰昕说，习近平经济思想坚持用马克思主义观察时代、把握时代、引领时代，在适应新形势、解决新问题、应对新挑战的过程中，不断形成一系列具有鲜明时代性和创造性的理论成果，为丰富和发展马克思主义政治经济学作出了重要的原创性贡献。习近平经济思想为我们做好新时代经济工作，为破解发展难题、增强发展动力、厚植发展优势指明了正确方向、提供了根本遵循。当前，我国已经胜利实现了第一个百年奋斗目标，正在意气风发迈上向第二个百年奋斗目标进军的新征程，我们比历史上任何时期都更加接近、更有信心、更有能力实现中华民族伟大复兴的目标。

牢牢把住粮食安全主动权

粮食安全是"国之大者"。在回答中国能否端牢自己的饭碗时，丛亮说，我国粮食安全保障能力持续提升，自2015年起粮食产量连续7年保持在1.3万亿斤以上，2021年人均粮食产量483.5公斤，即使不考虑进口的补充和充裕的库存，仅人均粮食产量已超过国际上公认的400公斤的粮食安全线；已建成9亿亩高标准农田，粮食作物良种基本实现全覆盖；粮食流通保持高效顺畅，全国标准仓房完好仓容7亿吨；粮食应急保障更加有力，现有粮食应急加工企业6000家、应急供应网点5.3万个、应急储运企业4199家，有能力应对各类重大自然灾害和公共突发事件。

"未来，我们有基础、有条件、有能力、有信心，始终牢牢把住粮食安全的主动权。"丛亮说，下一步，将加大耕地保护和农田建设力度，严守十八亿亩耕地红线；强化现代种业等科技支撑，实现种源自主可控，提升农机装备研发和应用水平；优化生产布局，加强粮食生产功能区建设；加强收储调控，强化粮食产购储加销协同保障，完善监测预警体系，保持合理储备规模；开展节粮减损，促进粮食节约和营养健康。

促进区域协调发展、推进粤港澳大湾区建设

赵辰昕说,党的十八大以来,我国区域协调发展取得历史性成就、发生历史性变革。京津冀协同发展顶层设计已经完成。长江经济带坚持共抓大保护、不搞大开发,生态环境突出问题整改加快推进。长三角一体化发展呈现新气象。黄河流域生态保护和高质量发展"1+N+X"规划体系加快构建。区域发展相对差距持续缩小。特殊类型地区实现振兴发展。

围绕下一步粤港澳大湾区建设,赵辰昕说,将聚焦重点领域,以横琴、前海和南沙、河套等重大合作平台为引领,加快推动大湾区国际科创中心建设,完善大湾区国际科创中心"两廊""两点"架构体系,有序推进大湾区市场一体化发展,优化提升世界级机场群、港口群功能,加强公共服务领域共建共享。将全力支持香港、澳门深度参与大湾区建设,让香港、澳门从国家发展大局中获得更加广阔的发展空间和源源不断的发展动力。

守住能源安全底线

针对记者关心的能源安全问题,任京东说,将从三方面守住能源安全底线。

一是扎实抓好固本强基。充分发挥煤炭的压舱石作用和煤电的基础性调节性作用,大力提升油气勘探开发力度,力争到2025年,国内能源年综合生产能力达到46亿吨标准煤以上。二是扎实抓好有序替代。着眼长远发展需要,全面构建风、光、水、核等清洁能源供应体系,扎实推动水电、核电重大工程建设,统筹推进以沙漠、戈壁、荒漠地区为重点的大型风电光伏基地建设。三是扎实抓好风险管控。建立健全煤炭、油气、电力供需等预警机制,不断加强应急保障电源、管网互联互通等基础设施建设,扎实提升区域互济、多能互补水平,持续强化重点区域、

重点时段能源安全供应。

不断提升产业链供应链韧性和安全水平

针对我国如何保持产业链供应链安全稳定的问题,赵辰昕说,围绕不断提升我国产业链供应链韧性和安全水平,正在持续推进五个方面的重点工作:一是锻长板补短板,二是稳定工业生产,三是优化产业布局,四是深化开放合作,五是强化风险防范。

针对记者关心的国家储备问题,丛亮表示,我国将加快构建与大国地位相符的国家储备体系,完善国家储备体制机制,进一步增强储备实力,充分发挥储备功能作用,不断提高防范和化解风险挑战的能力和水平。

推进高水平对外开放

围绕外商在华投资情况,赵辰昕表示,今年以来,在全球疫情反复延宕、国际形势复杂严峻、跨国投资疲软的整体背景之下,我国吸引外资克服了多重困难,实现了稳中有增、稳中提质的明显成效。今年1至8月,我国利用外资8927.4亿元,按照可比口径同比增长16.4%。总的看,跨国公司在中国投资有信心,对中国市场长期看好。

"未来中国开放的大门只会越开越大。"他表示,中国将推进高水平对外开放,进一步加大鼓励外商投资力度,进一步推动重大外资项目落地,进一步优化对外资企业的服务。

有观点认为"以国内大循环为主体",就意味着中国要在对外开放上进行大幅收缩。赵辰昕强调,这种理解是错误的。构建新发展格局,是开放的国内国际双循环,不是封闭的国内单循环。下一步,我国将着力畅通国民经济循环,坚定实施扩大内需战略,持续深化改革破除体制机制障碍，加快建设更高水平开放型经济新体制，促进国内国际双循环顺畅联通。

中国经济将巩固回稳向好态势

在回答今年中国经济形势问题时，赵辰昕说，今年以来中国经济月度间虽有波动，但总体延续恢复发展态势。从目前掌握的情况看，三季度经济明显回升。

"中国经济运行中存在困难和挑战，但更加充满机遇。"他表示，我国有14亿多人口，有世界上最大规模的中等收入群体，具有超大规模的市场优势，加上完整的工业体系、完备的产业链、日益现代化的基础设施体系，这些基础条件为各类企业发展提供了巨大机遇和广阔的市场空间。中国经济回稳向好的态势必将进一步巩固。

三位代表还回答了记者提出的其他问题。160余家媒体的约270名境内外记者参加了记者招待会。

（新华社北京2022年10月17日电　新华社记者申铖、戴小河、安蓓）

第五章

党永葆生机活力、走好新的赶考之路的必由之路
——全面从严治党

全面从严治党永远在路上
——五论深刻把握"五个必由之路"的重要认识

办好中国的事情，关键在党、关键在全面从严治党。全国两会期间，习近平总书记强调"全面从严治党是党永葆生机活力、走好新的赶考之路的必由之路"，为继续推进新时代党的建设新的伟大工程指明前进方向。

先进的马克思主义政党不是天生的，而是在不断自我革命中淬炼而成的。党的十九届六中全会总结党百年奋斗的历史经验，其中重要一条是"坚持自我革命"。党的十八大以来，以习近平同志为核心的党中央深入推进管党治党实践创新、理论创新、制度创新，深刻回答建设什么样的长期执政的马克思主义政党、怎样建设长期执政的马克思主义政党的重大时代课题，把全面从严治党纳入"四个全面"战略布局，以前所未有的勇气和定力推进党风廉政建设和反腐败斗争，刹住了一些多年未刹住的歪风邪气，解决了许多长期没有解决的顽瘴痼疾，清除了党、国家、军队内部存在的严重隐患，管党治党宽松软状况得到根本扭转，探索出依靠党的自我革命跳出历史周期率的成功路径，全面从严治党取得历史性、开创性成就，产生全方位、深层次影响。实践充分证明，全面从严治党是新时代党的自我革命的伟大实践，开辟了百年大党自我革命的新境界，必须长期坚持、不断前进。

"志行万里者，不中道而辍足。"历经百年奋斗，党团结带领中国人民又踏上了实现第二个百年奋斗目标新的赶考之路。必须清醒认识到，腐败这个党执政的最大风险仍然存在，腐败和反腐败较量还在激烈进行，防范形形色色的利益集团成伙作势、"围猎"腐蚀还任重道远，有效应对腐败手段隐形变异、翻新升级还任重道远，彻底铲除腐败滋生土壤、实现海晏河清还任重道远，清理系统性腐败、化解风险隐患还任重道远。"自知者英，自胜者雄。"只有以永远在路上的清醒和坚定，坚持严的主基调不动摇，坚持不懈把全面从严治党向纵深推进，才能永葆党的生机活力，确保党在新时代坚持和发展中国特色社会主义的历史进程中始终成为坚强领导核心。

在新征程上推进全面从严治党，必须自觉把握和运用党的百年奋斗历史经验，坚持全面从严治党战略方针，坚定不移将党的自我革命进行到底。要以党的政治建设为统领，深刻领会"两个确立"的决定性意义，不断增强"四个意识"、坚定"四个自信"、做到"两个维护"，筑牢全面从严治党的政治基础、思想基础、组织基础；要不断健全党的组织体系，切实加强基层组织建设，全面增强执政本领；要保持反腐败政治定力，不断实现不敢腐、不能腐、不想腐一体推进的战略目标；要加固中央八项规定的堤坝，锲而不舍纠"四风"树新风；要加强年轻干部教育管理监督，教育引导年轻干部成为党和人民忠诚可靠的干部；要完善权力监督制度和执纪执法体系，使各项监督更加规范、更加有力、更加有效。全面从严治党没有完成时、只有进行时。不断清除一切损害党的先进性和纯洁性的有害因素，不断清除一切侵蚀党的健康肌体的病原体，我们就一定能够确保党不变质、不变色、不变味。

百年奋斗路，赶考再出发。让我们更加紧密地团结在以习近平同志为核心的党中央周围，大力弘扬伟大建党精神，不忘初心使命，勇于自我革命，不断增强全面从严治党永远在路上的政治自觉、思想自觉、行动自觉，把党建设得更加坚强有力，以优异成绩迎接党的二十大胜利召开。

（新华社北京 2022 年 3 月 14 日电　新华社评论员）

开辟百年大党自我革命新境界

——党的十八大以来全面从严治党成就综述

"全面从严治党是新时代党的自我革命的伟大实践，开辟了百年大党自我革命的新境界。"

党的十八大以来，以习近平同志为核心的党中央以前所未有的勇气和定力推进全面从严治党，推动新时代全面从严治党取得了历史性、开创性成就，产生了全方位、深层次影响。

政治引领　聚焦"两个维护"强化政治监督

天高云淡、空气清新。走进位于祁连山南麓的木里矿区，昔日煤灰遮天、深坑横陈之景不再，取而代之的是满目青绿。

木里矿区综合整治之所以能取得显著成果，首先从政治纪律查起、深挖彻查生态问题背后的政治问题是关键所在。

党的十九大报告指出："把党的政治建设摆在首位""党的政治建设是党的根本性建设"。

各级党组织不断增强"两个维护"的政治自觉，确保党中央决策部署贯彻落实到位。纪检监察机关坚持党中央决策部署到哪里、政治监督就跟进到哪里，带头践行"两个维护"，紧紧围绕党和国家工作大局发挥监督保障执行、促进完善发展作用。

腐败问题本质上是政治变质，腐败问题的背后往往有政治问题。

近日，孙力军政治团伙所涉案件分别一审宣判。依法严惩孙力军政治团伙，充分体现了党中央以零容忍态度惩治腐败的坚定决心和坚强意志。

坚持处置问题线索从政治纪律严起，开展审查调查从政治纪律查起……各级纪检监察机关始终抓牢政治纪律这个最根本、最重要的纪律，将政治监督与审查调查深度融合，把严明政治纪律和政治规矩落实到具体人和事，着力消除政治隐患、维护政治安全。

同时，紧盯"关键少数"，深入贯彻《中共中央关于加强对"一把手"和领导班子监督的意见》，强化对贯彻执行民主集中制、依规依法履职用权、担当作为、廉洁自律等情况的监督，促进以身作则、担好责任。

2020年初，新冠肺炎疫情来袭。疫情发生之初，党中央就印发《关于加强党的领导、为打赢疫情防控阻击战提供坚强政治保证的通知》，明确强调对不敢担当、作风漂浮、落实不力的，甚至弄虚作假、失职渎职的，要严肃问责。

自身过硬才打得了硬仗。从脱贫攻坚到乡村振兴，在一次又一次大战大考中，政治监督始终有力有效，坚决破除贯彻落实党中央决策部署过程中的形式主义、官僚主义，让党旗在一线高高飘扬。

聚焦把握新发展阶段、贯彻新发展理念、构建新发展格局、推动高质量发展等重大战略，聚焦全面深化改革开放、促进共同富裕、推进科技自立自强、防范化解重大风险等重点任务，各级纪检监察机关加强监督检查，推动党中央决策部署落实落地，以坚定有力的履职尽责为经济社会发展保驾护航。

系统施治　打出全面从严治党"组合拳"

"全国共查处违反中央八项规定精神问题7799起，批评教育帮助和处理11226人，给予党纪政务处分7752人。"

2022年9月26日，中央纪委国家监委公布了今年8月全国查处违反中央八项规定精神问题汇总情况，这已是该数据连续第108个月公布。

八项规定，深刻改变中国。

2012年12月4日，中共中央政治局会议审议通过中央政治局关于改进工作作风、密切联系群众的八项规定。以中央八项规定破题，一场激浊扬清的作风之变涤荡神州大地。党的十九大以来，党中央对持之以恒正风肃纪作出新部署、提出新要求，修订完善中央八项规定实施细则，推进全党作风建设不松劲、不停步、再出发。

从遏制"舌尖上的浪费"，到刹住"车轮上的腐败"，再到整治"会所里的歪风"；从多措并举遏制"天价月饼""天价烟酒"，到厉行节约、反对浪费成为社会新风尚，再到婚事新办、丧事简办被越来越多人接受……党风政风引领社风民风，人民群众成为了作风建设的参与者和受益者。

党的十八大以来，截至今年4月，全国共查处违反中央八项规定精神问题72.3万起，给予党纪政务处分64.4万人。人民群众深恶痛绝的歪风邪气得到有效遏制。

以钉钉子精神加强作风建设，以零容忍态度坚决惩治腐败。

人们清晰记得，2014年12月13日，习近平总书记在江苏镇江考察时，74岁的老人崔荣海挤到人群前，紧紧握着总书记的手说："您是腐败分子的克星，全国人民的福星！"

由衷的赞叹，折射出人民群众对反腐败斗争的衷心拥护。

党的十八大以来，以习近平同志为核心的党中央以猛药去疴、重典治乱的决心，以刮骨疗毒、壮士断腕的勇气推进反腐败斗争——

"打虎"无禁区。党的十八大以来，已有超过500名中管干部被立案审查调查。

"拍蝇"不手软。党的十九大以来，截至今年4月，全国共查处民生领域腐败和作风问题49.6万个，给予党纪政务处分45.6万人。

"猎狐"不止步。党的十九大以来,"天网行动"共追回外逃人员6900人,追回赃款327.86亿元,"百名红通人员"已有61人归案。

……

从腐败和反腐败"呈胶着状态",到反腐败斗争"压倒性态势已经形成",再到"取得压倒性胜利并全面巩固",十年来,党风廉政建设和反腐败斗争成效显著。

做实以案促改、以案促治,做好"后半篇文章";切实发挥思想政治教育的"法宝"作用,将其贯穿日常监督和执纪执法全过程;发挥廉洁文化正面引导作用,将正面引领与反面警示有机结合……

党的十八大以来,不敢腐的震慑不断强化、不能腐的笼子持续扎牢、不想腐的堤坝日益稳固,党风廉政建设和反腐败斗争真正做到了"抓铁有痕、踏石留印"。

深化改革　推动完善党和国家监督体系

2018年3月23日,北京平安里西大街。

随着"中华人民共和国国家监察委员会"古铜色牌匾上的红绸揭开,一个全新的国家反腐败工作机构正式挂牌。

从开展试点到全面推开;从相继组建各级监察委员会,到国家监察委员会正式揭牌;从制定监察法,到公职人员政务处分法、监察法实施条例、监察官法等一系列相关法规制度制定出台……

国家监察体制改革蹄疾步稳、持续深化,党中央对反腐败工作的集中统一领导不断加强,反腐败工作规范化、法治化、正规化水平不断提升。

同时,有效运用"四种形态",让红脸出汗成为常态,抓早抓小、防微杜渐,有力推动管党治党实现从"惩治极少数"向"管住大多数"的转变。

数据显示,党的十八大以来,截至今年4月,全国纪检监察机关运用"四种形态"批评教育帮助和处理1134.4万人次。其中，运用第一、二种形态处理人数占比合计超过90%，充分体现出强化日常监督取得的成效。

2022年7月，十九届中央第九轮巡视反馈工作全部完成。十九届中央巡视高质量完成全覆盖任务。

继十八届中央巡视探索开展专项巡视、试点开展"机动式"巡视、首次开展"回头看"后，十九届中央巡视再出发，不断深化政治巡视，紧盯人民群众反映强烈的突出问题，不断释放利剑高悬、震慑常在的鲜明信号。

推进纪律监督、监察监督、派驻监督、巡视监督"四项监督"统筹衔接、全面覆盖；以党内监督为主导，推动各类监督有机贯通、相互协调……在党中央坚强领导下，党和国家监督体系不断完善，党的自我净化、自我完善、自我革新、自我提高能力显著增强。

在以习近平同志为核心的党中央坚强领导下，充分发挥全面从严治党的政治引领和政治保障作用，以全面从严治党强化党的先进纯洁、团结统一，我们党就一定能够带领人民在新的征程上不断取得新的伟大胜利。

（新华社北京2022年10月5日电　新华社记者孙少龙、王琦、王子铭）

激荡清风正气　凝聚党心民心

——党的十八大以来深入推进党风廉政建设和反腐败斗争述评

党风廉政建设和反腐败斗争，是党的建设的重大任务。

党的十八大以来，以习近平同志为核心的党中央从制定执行中央八项规定切入整饬作风，以雷霆万钧之势推进反腐败斗争，激荡清风正气、凝聚党心民心，为党和国家各项事业发展提供了坚强保障。

作风建设永远在路上

2019年10月31日，在江苏省海安市人民医院，巡察组工作人员在药房进行巡察，医疗卫生系统是此轮巡察重点。新华社记者　季春鹏　摄

"查处违反中央八项规定精神问题 5434 起,批评教育帮助和处理 8185 人……"

2022 年 8 月,中央纪委国家监委公布了上月全国查处违反中央八项规定精神问题汇总情况,这已是该数据连续第 107 个月公布。

八项规定,深刻改变中国。

2012 年 12 月 4 日,习近平总书记主持中央政治局会议,审议通过中央政治局关于改进工作作风、密切联系群众的八项规定。

在这次会议上,习近平总书记强调:"党风廉政建设,要从领导干部做起,领导干部首先要从中央领导做起。正所谓己不正,焉能正人。"

2021 年 1 月 14 日,江苏省连云港市灌云县纪委监委在同兴镇举行廉政文化进乡村活动。新华社记者 李博 摄

每年召开的中央全会、中央纪委全会等重要会议,习近平总书记都对作风建设提出明确要求;

每年年底的中央政治局民主生活会,都对照检查执行中央八项规定

的情况，开展批评和自我批评；

接续开展的党内集中教育，都把贯彻落实中央八项规定精神、加强作风建设作为重要内容……

2017年10月27日，党的十九大闭幕后第3天，习近平总书记主持召开十九届中央政治局第一次会议，审议通过《中共中央政治局贯彻落实中央八项规定实施细则》，对贯彻执行中央八项规定、推进作风建设作出细化完善、提出更高要求。

十年来，从遏制"舌尖上的浪费"，到刹住"车轮上的腐败"，再到整治"会所里的歪风"；从多措并举遏制"天价月饼""天价烟酒"，到厉行节约、反对浪费成为社会新风尚，再到婚事新办、丧事简办被越来越多人接受……党风政风引领社风民风，人民群众成为了作风建设的参与者和受益者。

2021年6月，习近平总书记来到中国共产党历史展览馆。

这是2021年6月22日在北京拍摄的中国共产党历史展览馆外景。新华社记者 鞠焕宗 摄

在中央八项规定展板前,习近平总书记停下脚步:"现在这里面的8条,精简会议活动、改进警卫工作、改进新闻报道、厉行勤俭节约,做得都不错,还是要反复讲、反复抓……"

"八项规定要一以贯之。"总书记坚定地说。

得罪千百人,不负十四亿

"工业和信息化部党组书记、部长肖亚庆同志涉嫌违纪违法,目前正在接受中央纪委国家监委审查调查。"

2022年7月28日,中央纪委国家监委网站发布的"一句话新闻",引起广泛关注。

今年以来,该网站已公开发布25名中管干部"落马"的消息,释放出反腐败斗争一刻不停歇的鲜明信号。

2019年1月15日,浙江省长兴县虹星桥镇港口村党总支委员(右二)向村民介绍2018年度村干部述职述廉情况,接受村民监督。新华社记者 徐昱 摄

2012年11月15日,人民大会堂东大厅。

刚刚当选中共中央总书记的习近平面对500多名中外记者,坚定地指出:"新形势下,我们党面临着许多严峻挑战,党内存在着许多亟待解决的问题。尤其是一些党员干部中发生的贪污腐败、脱离群众、形式主义、官僚主义等问题,必须下大气力解决。全党必须警醒起来。打铁还需自身硬。"

短短20余天后,当选十八届中央候补委员还未满月的四川省委副书记李春城被查,成为党的十八大后落马的"首虎"。一场中国共产党历史上力度空前的反腐败斗争拉开序幕。

"我们党作为执政党,面临的最大威胁就是腐败""反腐败没有选择,必须知难而进"……在这场没有硝烟的斗争中,习近平总书记以旗帜鲜明的立场和勇毅决绝的意志掌舵领航。

2019年10月24日,福建省福州市闽侯县委巡察二组工作人员(右一)在闽侯县职业中专学校了解中职补助资金发放情况。新华社记者 林善传 摄

从周永康、薄熙来、孙政才、令计划等一批"大老虎"被查,到铲

除"蝇贪""鼠害""蛀虫",再到深入开展国际追逃追赃……反腐败斗争不断向纵深推进。

2018年12月13日,中央政治局会议对我国反腐败斗争形势作出重大判断——"反腐败斗争取得压倒性胜利"。

从"形势依然严峻",到"依然严峻复杂",到"压倒性态势正在形成",再到"取得压倒性胜利",党的十八大以来,在以习近平同志为核心的党中央坚强领导下,党风廉政建设和反腐败斗争真正做到了"抓铁有痕、踏石留印"。

据统计,党的十八大以来,截至2022年4月底,全国纪检监察机关共立案审查调查438.8万件、470.9万人。

2022年1月,党的百年华诞后首次中央纪委全会上,习近平总书记话语铿锵:

"只要存在腐败问题产生的土壤和条件,腐败现象就不会根除,我们的反腐败斗争也就不可能停歇。"

让群众更多感受到反腐倡廉的实际成果

对15名相关人员立案审查调查,对8名公职人员采取留置措施,初步查出违纪违法及涉嫌滥用职权、徇私枉法、行贿、受贿等职务犯罪问题……

2022年8月29日,河北省纪委监委发布关于严肃查处"唐山烧烤店打人事件"中陈某志等涉嫌恶势力组织背后的腐败和"保护伞"问题的通报,释放出严惩恶势力、严查"保护伞"的强烈信号。

2013年1月22日,在十八届中央纪委二次全会上,习近平总书记对新时代反腐败斗争作出明确指示:

"坚持'老虎'、'苍蝇'一起打,既坚决查处领导干部违纪违法案件,又切实解决发生在群众身边的不正之风和腐败问题。"

2016年1月，在十八届中央纪委六次全会上，习近平总书记着重提出"推动全面从严治党向基层延伸"的要求，明确强调"对基层贪腐以及执法不公等问题，要认真纠正和严肃查处，维护群众切身利益，让群众更多感受到反腐倡廉的实际成果"。

2019年10月1日上午，庆祝中华人民共和国成立70周年大会在北京天安门广场隆重举行。这是群众游行中的"从严治党"方阵。新华社记者 兰红光 摄

在随后发布的十八届中央纪委六次全会公报中，"坚决整治和查处侵害群众利益的不正之风和腐败问题"被单列为当年的7项重点工作之一。

抓住群众普遍关注、反映强烈和反复出现的问题，持续纠治教育医疗、养老社保、扶贫环保等领域腐败和不正之风，坚决惩处涉黑涉恶"保护伞"，坚决斩断伸向群众利益的"黑手"……

党的十九大以来，到2022年4月底，全国共查处民生领域腐败和作风问题49.6万个，给予党纪政务处分45.6万人。一个个案件、一次次整治，让人民群众切实感受到公平正义就在身边。

2016年5月17日,党员干部在福建省福州市闽清县反腐倡廉警示教育中心接受警示教育。新华社记者 宋为伟 摄

国家统计局2020年年底调查显示,95.8%的群众对全面从严治党、遏制腐败充满信心。

为政清廉才能取信于民,秉公用权才能赢得人心。

在以习近平同志为核心的党中央坚强领导下,下大气力改进作风,依纪依法严惩腐败,让人民群众看到实实在在的成效和变化,不断将党风廉政建设和反腐败斗争向纵深推进,必将以全党的强大正能量在全社会凝聚起推动中国发展进步的磅礴力量。

(新华社北京2022年9月6日电　新华社记者孙少龙)

咬定青山不放松

——党的十九大以来以习近平同志为核心的党中央贯彻执行中央八项规定、推进作风建设综述

八项规定，深刻改变中国。

2022年9月9日，中共中央政治局召开会议。会议的一项重要议程，即是审议《十九届中央政治局贯彻执行中央八项规定情况报告》。

党的十九大以来，以习近平同志为核心的党中央对持之以恒正风肃纪作出新部署、提出新要求，修订完善中央八项规定实施细则，推进全党作风建设不松劲、不停步、再出发。经过坚持不懈努力，刹住了一些长期没有刹住的歪风邪气，解决了一些长期没能解决的顽瘴痼疾，党风政风焕然一新，社风民风持续向好。

八项规定，已成为作风建设的代名词、新时代共产党人的一张"金色名片"。

一以贯之　推动作风建设走深走实

2022年8月16日，正在辽宁锦州考察的习近平总书记来到辽沈战役纪念馆。

英烈馆内，悬挂着一面"仁义之师"锦旗。锦旗背后的故事，习近平总书记十分熟悉——

那是辽沈战役期间，锦州乡间的苹果已经熟了，行军路过的解放军

战士虽然饥渴难耐，却一个都没有摘。共产党领导的人民军队用铁的纪律赢得了民心。

"毛主席说'不吃是很高尚的，而吃了是很卑鄙的，因为这是人民的苹果'。这样的苹果，我们现在也不能吃。"总书记的话语意味深长。

时间回到2017年10月27日，党的十九大闭幕第三天，习近平总书记主持召开新一届中央政治局第一次会议。

会议的一项重要议程，即是审议《中共中央政治局贯彻落实中央八项规定实施细则》，对贯彻执行中央八项规定、推进作风建设作出细化完善、提出更高要求。

这样的安排绝非巧合——

从十八届中央政治局一开始就为作风建设立下规矩，到十九届中央政治局第一次会议研究同样的内容并进一步深化细化，充分体现了中央政治局从自身做起、以上率下的坚强决心，释放出一以贯之将作风建设进行到底的鲜明信号。

作风建设无小事。习近平总书记始终从关乎党的兴衰存亡、巩固党的执政地位、实现党的执政使命的政治高度，严肃对待作风问题，一以贯之推进作风建设。

每年召开的中央全会、中央纪委全会和中央政治局民主生活会等重要会议，都对贯彻执行中央八项规定、加强作风建设作出专门部署、提出明确要求；

十九届中央政治局常委会会议有99次、中央政治局会议有19次、中央政治局集体学习有9次涉及作风建设；

在全党开展的"不忘初心、牢记使命"主题教育、党史学习教育都将改进工作作风、密切联系群众作为重要内容，并出台相关党内法规，完善党的作风建设制度机制；

……

作风建设既是攻坚战，又是持久战、攻心战。

面对会不会"变风转向"的观望、面对反弹回潮的压力，习近平总书记从推进党的自我革命、确保党始终成为中国特色社会主义事业的坚强领导核心的政治和战略高度出发，就持之以恒落实中央八项规定精神、深化作风建设作出一系列重要论述，赋予作风建设新的时代内涵，深化了作风建设规律性认识。

——论述作风建设的重大意义，强调"党的作风和形象关系党的创造力、凝聚力、战斗力，决定党和国家事业成败"，"我们党是世界上最大的马克思主义执政党，要巩固长期执政地位、始终赢得人民衷心拥护，必须永葆'赶考'的清醒和坚定"；

——指出作风建设的根本关键，强调"加强作风建设必须紧扣保持党同人民群众血肉联系这个关键"，"唯有踔厉奋发、笃行不怠，方能不负历史、不负时代、不负人民"；

——明确作风建设的重点任务，强调"要继续在常和长、严和实、深和细上下功夫，密切关注享乐主义、奢靡之风新动向新表现，坚决防止回潮复燃"，"要把力戒形式主义、官僚主义作为重要任务"；

——丰富作风建设的方法途径，强调"以系统施治、标本兼治的理念正风肃纪反腐，不断增强党自我净化、自我完善、自我革新、自我提高能力"，"通过加强思想淬炼、政治历练、实践锻炼、专业训练，推动广大干部严格按照制度履行职责、行使权力、开展工作"；

——严抓作风建设的责任落实，强调"各级领导干部要带头转变作风，身体力行，以上率下，形成'头雁效应'"，"领导干部特别是高级干部要管好自身，还要管好家人亲戚、管好身边人身边事、管好主管分管领域风气"；

……

2021年6月，建党百年前夕，习近平总书记来到中国共产党历史展览馆。

在中央八项规定展板前，习近平总书记停下脚步、仔细察看："现在这里面的 8 条，精简会议活动、改进警卫工作、改进新闻报道、厉行勤俭节约，做得都不错，还是要反复讲、反复抓……"

"八项规定要一以贯之。"总书记坚定地说。

以身作则　为全党立标杆做榜样

"来吧，咱们一块儿坐坐，都介绍介绍自己。"

2022 年 4 月，正在海南考察的习近平总书记来到五指山脚下的水满乡毛纳村，在村寨凉亭内同基层干部、村民代表等围坐在一起，亲切交流、热情攀谈，尽显人民领袖对百姓的真挚情谊。

以行动作号令，以身教作榜样。

每次考察调研都对安排方案亲自把关，不搞刻意设计，考察调研尽量安排紧凑，交流范围和人数适当扩大，确保调研深入、务实高效；

每到一处考察，都扑下身子深入群众，嘘寒问暖、体察入微，带去党中央的关怀和温暖……

党的十九大以来，习近平总书记深入地方考察调研 50 余次，走过沟壑纵横的高原路，走过坡急沟深的盘山路，走过滚滚麦浪的乡间路……总书记奔波的身影留在祖国大江南北、内陆边疆。

深入脱贫攻坚一线，面对面同基层干部和群众聊家常、算细账，要求全面小康"一个都不能少""不获全胜决不收兵"；

赴地方调研指导开展"不忘初心、牢记使命"主题教育，强调要把群众观点和群众路线落实到各个工作环节和具体行动中，让群众办事更方便、更踏实；

在疫情防控斗争的关键时刻飞赴武汉，强调"坚决打赢湖北保卫战、武汉保卫战"，坚定了广大干部群众必胜信心；

……

一言一行，体现带头贯彻执行中央八项规定的鲜明态度；点滴之间，彰显人民领袖亲近人民的深厚情怀。

热线电话，跨越浩渺大洋，联通中国与世界。

2021年5月6日晚，北京中南海，习近平总书记同联合国秘书长古特雷斯通电话。当天，总书记还分别同土库曼斯坦、古巴领导人通电话；第二天，又同塞拉利昂、刚果（金）领导人和国际奥委会主席通电话……频密的"电话外交"，尽显大国领袖"无我"的工作状态。

党的十九大以来，习近平总书记出访、出席重要国际会议、主持主场外交活动等近400次，并多次开展视频外交活动，与有关国家领导人和国际组织负责人通电话。特别是新冠肺炎疫情发生后，密集开展"云外交"，促进国际社会携手应对挑战，推动构建人类命运共同体，以元首外交引领新时代中国特色大国外交不断开创新局面。

李克强、栗战书、汪洋、王沪宁、赵乐际、韩正同志和中央政治局其他同志认真贯彻党中央有关决策部署和习近平总书记相关重要指示批示，严格执行中央八项规定及其实施细则，并切实抓好分管领域、所在地方的贯彻落实。

在改进调查研究方面，中央政治局同志围绕贯彻落实党中央重大决策部署和有关重大问题开展调研。调研中求真务实，轻车简从，力戒形式主义，不给基层增加负担。

在精简会议活动方面，加强重大会议活动统筹协调，从源头控制总量，严控会议活动规模规格，推动提质增效。除每年按惯例安排的中央重要会议外，其他中央重要会议会期一般不超过1天半。全国两会会期调整为1周。一些会议以电视电话或视频形式召开，使党中央决策部署原汁原味直达基层一线。

在精简文件简报方面，加强中央发文统筹，严控文件数量、篇幅和规格，可发可不发的文件一律不发，由部门发文或部门联合发文能够解决的不再由党中央、国务院印发或转发文件，报送党中央、国务院简报数量进一步压减。除中央统一安排外，中央政治局同志个人没有公开出版著作、讲话单行本以及发贺信、贺电、题词、题字、作序等情况。

在规范出访活动方面，围绕党和国家工作大局，统筹安排中央领导同志外事活动。在出访活动中严控团组规模，合理制定日程，做到能省则省、能简尽简。接受外方授予勋章和荣誉称号，严格按要求事前报党中央批准。新冠肺炎疫情发生后，党和国家领导人外事活动以视频、电话"云外交"方式为主。

在改进新闻报道方面，严控全国性会议新闻报道次数，减少一般性会议活动报道，进一步规范新媒体报道。中央主要新闻单位刊发中央政治局委员新闻报道严格执行篇幅字数、版面安排、时段时长等规定，更加注重突出党和国家大事要事、国际国内形势、人民群众生产生活的新闻报道，不断增强吸引力、感染力、亲和力。

在改进警卫工作方面，坚持密切联系群众，把改进警卫形式与疫情防控统筹谋划，尽可能缩小警戒控制范围，认真落实不腾道、不封路、不清场、不闭馆要求，努力实现安全效果、政治效果、社会效果有机统一。

在厉行勤俭节约方面，认真落实过紧日子要求，中央本级和各地区"三公"经费预算持续压减。中央有关会议筹备服务工作严控会议经费开支、坚决制止餐饮浪费，庆祝新中国成立70周年活动、庆祝中国共产党成立100周年活动务实节俭。自觉加强政德建设，注重家教家风，管好配偶、子女和身边工作人员。

坚守共产党人政治本色，注重从自身做起，坚持问题导向，坚持依规依纪。以习近平同志为核心的党中央认真贯彻执行中央八项规定及其实施细则，不打折扣、不做变通，以实际行动为全党立起标杆、做好榜样。

成效卓著　为新征程提供坚强保障

2022年，八项规定迎来制定出台的第十个年头。

十年来，以习近平同志为核心的党中央从中央八项规定破题，以上率下抓作风建设，推进全党作风建设不松劲、不停步、再出发，"使党风政风民风焕然一新，党心军心民心高度凝聚，为新时代伟大变革提供了坚强作风保障。

——转作风改作风的思想政治根基不断巩固，全党思想上更加统一、政治上更加团结、行动上更加一致。

"听汇报多、下基层少，工作作风还存在明显问题""深入调查研究不够，走'固定路线'情况依然存在"……

建党百年之际，一场场党史学习教育专题民主生活会动真碰硬、"辣味"十足，让不少党员干部红了脸、出了汗。

通过经常性思想政治教育和党内集中教育等一次又一次的思想洗礼，广大党员、干部在思想上政治上进行检视、剖析、反思，对作风问题进行对照、查摆、整治，不断去杂质、除病毒、防污染，党性更加坚强。

各地区各部门坚持把政治标准和政治要求贯穿作风建设始终，建立党中央重大决策部署和习近平总书记重要指示批示精神抓落实机制，从政治高度狠抓作风建设，以严实作风推进工作落实，保障了党中央政令畅通、令行禁止。

党员、干部普遍反映，经过全面深刻的政治教育、思想淬炼、作风锤炼，全党上下贯通、执行有力。

——群众立场、群众观念、群众感情不断强化，党的执政根基更加坚实。

"没想到这么快就办好了。"

2022年6月20日，在黑龙江省双鸭山市集贤县政务服务中心，居民李广玉只提供了一次材料，就拿到了开办超市的手续。"以前办业务比较麻烦，得跑好几个部门，现在方便多了。"李广玉说。

这是广大党员、干部把作风建设要求转化成为民造福实际行动的一个缩影。五年来，各地区各部门把深入基层、走进群众作为开展工作的基础要求，"面对面"倾听民情民意，"点对点"解决急难愁盼问题，人民群众成为作风建设的参与者和受益者。

与此同时，各地区各部门着力整治群众身边的腐败和作风问题，排查治理民生领域"微腐败"、妨碍惠民政策落实的"绊脚石"，对侵害群众利益问题"零容忍"。

党的十九大以来，全国纪检监察机关共查处民生领域腐败和作风问题 52.3 万个，批评教育帮助和处理 71.8 万人。

——"四风"惯性被有效扭转，干部清正、政府清廉、政治清明的政治生态更加纯净健康。

"查处违反中央八项规定精神问题 5434 起，批评教育帮助和处理 8185 人……"

2022 年 8 月，中央纪委国家监委公布了上月全国查处违反中央八项规定精神问题汇总情况，这已是该数据连续第 107 个月公布。

五年来，各级党委（党组）把贯彻落实中央八项规定精神作为重点任务，坚持严的标准和严的氛围，查纠"四风"突出问题。

深入整治违规收送礼品礼金、违规吃喝等突出问题；深挖细查收送电子红包、私车公养等隐形变异问题；集中纠治做选择搞变通打折扣、表态多调门高、行动少落实差问题……一系列歪风积弊成了人人喊打的"过街老鼠"。

党的十九大以来，全国纪检监察机关共查处"四风"问题 56 万个，批评教育帮助和处理 81.2 万人。党员、干部普遍反映，中央八项规定成为实实在在的"铁八条"，大大改善了党内政治生活和政治生态。

——党员、干部工作状态、精神状态更加积极向上，奋进新征程、建功新时代的精气神有力提振。

2022 年仲夏，新疆乌什县托万克麦盖提村种植的黑木耳迎来集中上市期。这几年，天山脚下这个小村庄，凭借木耳产业让乡亲们摆脱了贫困，成了远近闻名的致富村。

繁荣背后，是新疆"访惠聚"驻村帮扶工作的丰硕成果。自 2014

年这项工作开展以来，新疆全区共选派 50 余万名党员干部深入到 1 万多个村队（社区），用心用情为各族群众干实事、办好事、解难事。

在脱贫攻坚第一线、在疫情防控最前沿、在抗洪救灾的波涛中……广大基层党组织有力组织、守土尽责，广大党员、干部挺身而出、英勇奋战，凝聚起众志成城、坚不可摧的强大力量。

惟其艰难，方显勇毅。

一面面鲜红的党旗飘扬在基层一线，一个个醒目的"党员先锋岗"标识在工作岗位，党员、干部引领在前、冲锋在前、战斗在前的劲头十足，以过硬作风展示了共产党人的良好形象。

——党风政风引领民风社风持续向善向上，全社会新风正气不断充盈。

正值客流高峰期，走进成都美食一条街里的一家串串店，店长罗坤正在引导客人："您好，我们店里有小碗菜，串串也可以按照个人需求拿，主食也可以先点半份。如果不够，后续还可以再加。"

一句温暖的提醒，正是"厉行节约、反对浪费"理念深入人心的最好见证。通过遏制餐饮浪费行为，讲排场、比阔气等不良风气和不理性、不文明消费习俗被逐步破除，"管够不浪费""吃好不奢侈"逐渐成为时尚。

推进新时代廉洁文化建设，规范领导干部配偶、子女及其配偶经商办企业行为，把过紧日子作为常态化要求，不断压减"三公"经费支出……

党的十九大以来，各级党组织把加强作风建设与培育践行社会主义核心价值观、家庭家教家风建设、新时代公民道德建设等结合起来，党员领导干部带头践行新风正气，带动全社会敦风化俗，让新风吹遍每个角落。

数据无言，却最有说服力。

2022 年国家统计局社情民意电话调查结果显示，对党中央带头贯彻执行中央八项规定精神情况表示满意、总体成效表示肯定的，分别为98.2%、95.7%。

激荡清风正气，凝聚党心民心。

在以习近平同志为核心的党中央坚强领导下，全党上下抓铁有痕、踏石留印，驰而不息将作风建设引向深入，定能以优良作风凝聚起团结奋进的磅礴力量，向实现第二个百年奋斗目标继续阔步前进。

（新华社北京2022年10月8日电　新华社记者孙少龙、黄玥、张研）

减负增效重实干　担当尽责开新篇
——党的十九大以来以习近平同志为核心的党中央整治形式主义为基层减负综述

作风问题关系人心向背，关系党的执政基础。

党的十九大以来，以习近平同志为核心的党中央把解决形式主义突出问题和为基层减负结合起来，作为党的作风建设重要内容统筹谋划、一体推进，以全面从严治党新实践探索新时代党的自我革命新路径。中央层面整治形式主义为基层减负专项工作机制采取有力措施督促推动各地区各部门持续纠治形式主义、官僚主义突出问题，为基层卸下不必要的负担。

减负增效、轻装奋进。广大基层干部放开手脚干事创业，用更多时间和精力抓落实、谋发展，埋头苦干、砥砺前行。

以上率下：以习近平同志为核心的党中央高度重视、谋划部署推动整治形式主义为基层减负

2022年9月9日，一份名为《关于党的十九大以来整治形式主义为基层减负工作情况的报告》，摆在了出席中共中央政治局会议同志的案头。

"整治形式主义为基层减负已成为各地区各部门抓作风建设的常态化工作，成为推动全面从严治党向纵深发展的有力抓手。"

中肯的评价，彰显了以习近平同志为核心的党中央整治形式主义为基层减负工作的扎实成果。

2017年12月，习近平总书记就新华社一篇《形式主义、官僚主义新表现值得警惕》的文章作出重要指示，指出文章反映的情况，看似新表现，实则老问题，再次表明"四风"问题具有顽固性反复性。纠正"四风"不能止步，作风建设永远在路上。

一针见血，切中时弊，态度鲜明。

习近平总书记带领全党，以坚定决心、坚强意志，将整治形式主义为基层减负一抓到底。

2019年4月15日，习近平总书记一早从北京出发，乘飞机抵达重庆，再转火车、换汽车，翻过一座座山、爬过一道道梁，一路奔波，来到石柱土家族自治县中益乡华溪村。

在小学仔细察看餐厅、后厨；在贫困户家中从屋外看到屋内；在老党员家同村民代表、基层干部、扶贫干部、乡村医生等围坐在一起摆政策、聊变化、谋发展……习近平总书记为全党弘扬务实作风，深入调查研究作出表率。

在这次考察中，习近平总书记强调要坚决整治形式主义、官僚主义，让基层干部从繁文缛节、文山会海、迎来送往中解脱出来。

2020年，突如其来的新冠肺炎疫情一度令基层干部措手不及。抗疫关键时刻，一些地区出现了形式主义和官僚主义问题苗头。

2020年2月3日，中央政治局常委会会议上，习近平总书记严肃批评了部分地区在抗疫中出现的形式主义问题——

"有的地方市县卫健局、应急局、政府办、县委办、妇联、教育局、农业农村局等都各自制作一份或几份表格，要求基层干部填写并迅速上报，这些表格的内容其实相差无几，但没有一个文件、一个部门帮乡镇解决急需的哪怕一个口罩、一瓶消毒水的问题"！

习近平总书记强调，要让基层干部把更多精力投入到疫情防控第一线，而不是以形式主义、官僚主义的方式来给基层增加负担、消耗基层干部的抗疫精力。

明确的要求、温暖的关怀，让广大基层干部深受鼓舞。

从主持召开重要会议到地方考察，习近平总书记经常强调要坚决克服形式主义、官僚主义，并从各个方面加以深刻剖析，既阐述形式主义、官僚主义的严重危害，又刻画了其诸多表现；既明确了整治形式主义为基层减负的重点任务，又提出方法措施，为整治形式主义为基层减负工作指明方向。

中央政治局其他同志认真贯彻落实党中央决策部署和习近平总书记指示要求，坚持从自身做起，从分管领域、所在地方抓起。中央政治局从2019年起每年听取整治形式主义为基层减负年度工作情况报告，持续释放整治形式主义、官僚主义，关心关爱基层干部群众的强烈信号。

中共中央办公厅连续印发文件，部署解决文山会海、面向基层的督查检查考核过多过频、过度留痕等问题，明确提出"基层减负年"等，对为基层减负工作作出全面部署安排。

党中央的高度重视和习近平总书记的高度关注，中央领导同志的以身作则、率先垂范，为全党整治形式主义为基层减负、解难题破难关注入了强大动力。

系统推进：中央层面整治形式主义为基层减负专项工作机制紧盯整治形式主义老问题新表现抓落实

在乡村振兴、疫情防控等重大任务一线，广大农村基层干部结合本地实际，使党中央决策部署落地生根。但在一些地方，也存在基层负担过重情况，"开不完的会议、填不完的表格、迎不完的检查"使基层干部疲于奔命。

"减轻村级组织工作事务负担""精简村级工作机制和牌子"……

2022年，中办、国办印发的《关于规范村级组织工作事务、机制牌子和证明事项的意见》精准施策，进一步把村级组织和村干部从形式主义的束缚中解脱出来。

文件的出台，正是中央层面整治形式主义为基层减负专项工作机制加强顶层设计，与时俱进研究起草、推动出台有关文件的一个例证。

2019年3月，党中央明确由中央办公厅牵头，中央纪委国家监委机关、中央组织部、中央宣传部、中央改革办、中央和国家机关工委、全国人大常委会办公厅、国务院办公厅、全国政协办公厅等8家单位参与，成立专项工作机制，专门负责统筹协调和督促推动整治形式主义为基层减负工作。

一年一个台阶，一步一个脚印。

专项工作机制强化统筹协调，系统谋划、一体推进为基层减负各项措施，不断把工作引向深入。

——力戒形式主义、官僚主义，要注重从思想上破解，大力强化思想教育。

9个专题，收入有关重要论述182段，摘自70多篇重要文献，首次公开发表许多重要论述……由中央层面整治形式主义为基层减负专项工作机制推动编辑出版的《习近平关于力戒形式主义官僚主义重要论述选编》，已成为干部教育培训的必修课和各级理论学习中心组学习的重要内容。

在"不忘初心、牢记使命"主题教育、党史学习教育中，突出力戒形式主义、官僚主义；从中央和国家机关做起，对干部思想进行大扫除、对存在问题进行大排查；大力弘扬伟大建党精神，弘扬伟大脱贫攻坚精神、抗疫精神等……广大党员、干部强化理论武装，不断增强力戒形式主义、官僚主义的思想自觉、政治自觉、行动自觉。

——力戒形式主义、官僚主义，要坚持问题导向，努力解决基层干部群众反映强烈的突出问题。

随着移动互联网技术的发展，形式主义从"办公桌"走向"指尖"，变味的"工作群""政务APP"曾让基层干部疲于回复。

在中央层面整治形式主义为基层减负专项工作机制统筹协调推进下，各地区各部门对"指尖上的形式主义"开展了专项整治。

"最直观的就是手机'叮叮当当'的提示音少了。"湖北省武汉市江岸区丹水池街道的一位基层干部说，通过专项整治，"盯群""爬楼"的情况少了。

什么问题反映强烈就关注什么，什么问题突出就整治什么。

精简文件会议动真格，划定硬杠杠拿出硬措施；统筹规范督查检查考核，实行年度计划管理；全面清理规范"一票否决"和签订责任状事项、跟风设立的"某长制"、涉及城市评选评比表彰的创建活动等，直面基层干部群众之难，提升基层治理之效。

——力戒形式主义、官僚主义，要健全法规制度，强化制度保障。

小智治事，大智治制。

中央层面整治形式主义为基层减负专项工作机制坚持把制度建设贯穿整治工作全过程各方面，用改革的思路和办法标本兼治作风顽症，着力堵塞制度漏洞。

在党内监督执纪、激励干部担当作为等方面制定修订一批党内法规和政策文件；在整治文山会海、统筹规范督查检查考核等方面，自上而下普遍建立起"立账、严管、纠偏、通报"的办法；在清理规范政务APP、涉及城市评选评比表彰的创建活动以及村级组织工作事务、机制牌子和证明事项等方面探索建立准入制和动态调整制度……一系列制度的建立健全，既确保整治工作落到实处，又为更有成效的整治开辟路径。

——力戒形式主义、官僚主义，要汇聚各方力量，推动形成齐抓共管、合力攻坚的良好局面。

中央层面整治形式主义为基层减负专项工作机制充分发挥牵头抓总和统筹协调作用，推动各成员单位和有关部门结合各自职责分工，形成工作合力。

各省区市结合地方实际,通过"拉干条""列清单"等方式,有针对性地纠治基层报表台账多、村(社区)挂牌多、疫情防控措施层层加码、脱贫攻坚和乡村振兴中的形式主义等问题,让基层干部群众真正有感。

成效良好:纠治了一些多年未除的顽瘴痼疾,刹住了一些困扰已久的不正之风

党的十九大以来,在党中央集中统一领导下,在各地区各部门的共同努力下,党内存在的形式主义、官僚主义问题得到一定程度的遏制和治理,党风政风和社会风气为之一新,形成了新时代坚持党要管党、全面从严治党的重要成果。

——凝聚起了力戒形式主义、官僚主义的思想共识和强大力量。

减负效果怎样,群众有发言权。

2022年国家统计局社情民意电话调查结果显示,83.8%的社会公众对所在地方和单位克服形式主义、官僚主义的情况表示满意,75.6%的社会公众认为基层减负政策取得较好成效。

各级领导机关和领导干部对形式主义、官僚主义的危害性认识更深、警惕性更高,凝聚起高度一致的思想共识。基层干部普遍感到,现在各级领导干部脑子里都有了力戒形式主义、官僚主义这根弦,考虑问题、部署工作都要想想是否增加了基层负担,改进作风、提高效能的氛围越来越浓厚。

——基层反映强烈的形式主义突出问题得到有效治理。

文山会海、督查检查考核过多过频、名目繁多的"一票否决"……干部群众最希望得到纠治的问题,就是要下气力整治的靶向。

整治文山会海取得积极成效,截至2021年年底,中央和国家机关、省区市文件数量比2018年总体减少50%以上,会议数量减少65%以上,

"拉干条"、讲实话成为常态，长会短开、长话短说成为主流。

中央和国家机关、省区市督查检查考核事项数量连年下降，总体降幅达到90%以上，多头随意、过多过频等问题得到明显改善，督查检查考核更加注重工作实绩，更加注重结果导向，更加注重干部群众评价，更加注重帮助基层解决实际困难。

名目繁多的"一票否决"和签订责任状事项得到清理规范，中央和国家机关、省区市事项清理后总量分别减少90%和73%。

此外，一段时期有泛滥苗头的"某长制"、涉及城市评选评比表彰的创建活动、村（社区）机制牌子等也得到清理规范，受到基层干部群众好评。

——基层干部有了更多时间和精力抓落实。

福建省厦门市海沧区新阳街道兴旺社区干部谈到，前些年，有时一天要辗转于几个会场，还要承担入户燃气安全检查等不属于社区职责范围的事项。"有一次，半夜11点多被电话叫醒，通知第二天有上级检查任务，赶紧爬起来准备材料。"一位干部说，"现在开会少了，写材料少了，社区干部有更多时间联系、服务群众。"

党中央的"重拳"整治，让广大党员、干部进一步从形式主义、官僚主义的束缚中解脱出来。许多基层干部说，为基层减负实际上是"一减N增"，形式主义的东西少了，与群众交流、干实事的时间也就多了。

在统筹疫情防控和经济社会发展中，从重症病房争分夺秒地救治，到城乡社区挨家挨户地排查；从工厂车间加班加点地生产，到科研实验室夜以继日地攻关，广大基层党员、干部在一线奋战中展现出过硬作风和良好精神状态。

——催生了领导方式方法转变和工作机制创新。

跟着导航自行开车前往，与偶遇的村民攀谈详聊……发现从北京来的同志亲切随和，村民们慢慢打开了话匣子。这是基层减负观测点蹲点调研小组在甘肃省靖远县调研的场景。

不发通知、不打招呼、不听汇报、不用陪同接待，直奔基层、直插现场的"四不两直"调研方式成为主流，"解剖麻雀"蹲点调研和"马路办公""一线工作法""街乡吹哨、部门报到"等成为实地解决群众急难愁盼问题的常态化方法，借助大数据、云计算、人工智能等技术手段提高工作效率、增强服务效能成为转职能转方式的重点探索方向。

在整治形式主义为基层减负过程中，重视基层、关爱基层、提升基层的工作导向进一步形成，基层治理体系和治理能力现代化建设持续加强，基层党组织战斗堡垒作用不断凸显，基层治理体制机制不断健全，更多社会资源、管理权限和民生服务下放到基层，为基层放权赋能效果逐步显现。

在取得良好成效的同时，当前整治形式主义为基层减负还存在一些突出问题。一些形式主义问题仍然屡禁不止，体制机制建设还存在短板不足，一些地方和部门产生松劲懈怠心理，基层减负各项规定落实还有差距。

常抓不懈，久久为功。

直面问题，要进一步坚持和弘扬党的实事求是传统作风，充分发挥专项工作机制作用，推动整治形式主义为基层减负深入发展，让基层党员、干部有更多时间和精力抓落实，为党和国家事业开创新局面提供坚强作风保证。

牢记初心使命，实干奋斗兴邦。

在以习近平同志为核心的党中央坚强领导下，以马不离鞍、缰不松手的定力，以反复抓、抓反复的韧劲，以钉钉子精神整治形式主义为基层减负，必将凝聚起全党上下奋进新征程、建功新时代的强大力量，以实际行动迎接党的二十大胜利召开。

（新华社北京 2022 年 10 月 10 日电 新华社记者王琦、范思翔、董博婷）

延伸阅读

以党的自我革命引领社会革命

——党的二十大代表谈坚持全面从严治党综述

勇于自我革命，是我们党最鲜明的品格，也是我们党最大的优势。

党的二十大代表在审议十九届中央纪委工作报告时表示，10年来，以习近平同志为核心的党中央坚持以伟大自我革命引领伟大社会革命、以伟大社会革命促进伟大自我革命，全面从严治党取得了历史性、开创性成就，产生了全方位、深层次影响。经过不懈努力，党找到了自我革命这一跳出治乱兴衰历史周期率的第二个答案，确保党永远不变质、不变色、不变味。

开辟百年大党自我革命新境界

餐饮住宿节俭朴素，会议安排紧凑高效，讨论发言简洁务实……二十大朴实的会风、严明的会纪，令许多代表印象深刻。

"会风折射作风，作风事关党风。"党的十八大以来，作风建设从中央八项规定破题，持之以恒正风肃纪，让上海市黄浦区卢湾一中心小学校长吴蓉瑾代表由衷"点赞"。

"扭住加强作风建设的关键节点不放、寸步不让，曾经困扰家长和教师的节日送礼现象得到整治，学校聚精会神办学、教师安安心心育人。"吴蓉瑾说。

从遏制"舌尖上的浪费"、刹住"车轮上的腐败"、整治"会所里的歪风",到多措并举遏制"天价月饼""天价烟酒",再到厉行节约、反对浪费……二十大报告指出,以钉钉子精神纠治"四风",刹住了一些长期没有刹住的歪风,纠治了一些多年未除的顽瘴痼疾。

"以'严'的主基调持续纠'四风'、树新风,管出习惯、化风成俗。"吉林化纤集团有限责任公司董事长宋德武代表深有感触,"十年来,着力构建亲清新型政商关系,我们切身感受到政府和企业沟通更高效,为企业专注创新发展创造了良好环境。"

作风关系党的形象,腐败侵蚀党的肌体。

党的十八大以来,反腐败斗争取得压倒性胜利并全面巩固。正如二十大报告鲜明指出:"开展了史无前例的反腐败斗争,以'得罪千百人、不负十四亿'的使命担当祛疴治乱"。

中央纪委副书记、国家监委副主任肖培17日在二十大新闻中心记者招待会上介绍,党的十八大以来,全国纪检监察机关共立案464.8万余件,其中,立案审查调查中管干部553人,处分厅局级干部2.5万多人、县处级干部18.2万多人。

"通过权力换来的钱,害人害己。作为一名共产党员,不管身份职务如何变化,初心和使命不能变。"西藏高争建材股份有限公司副总经理旦增顿珠代表说,党风廉政建设和反腐败斗争深入推进,揪出了群众身边的"蝇贪""鼠害""蛀虫",极大增强了人民群众获得感、幸福感、安全感,厚植党的执政基础和群众基础。

代表们一致认为,全面从严治党是新时代党的自我革命的伟大实践,开辟了百年大党自我革命的新境界。全党坚定理想信念、严密组织体系、严明纪律规矩,党在革命性锻造中更加坚强有力,必将在前进道路上不断创造令人刮目相看的伟大奇迹。

以党的政治建设统领党的建设各项工作

政治建设是党的根本性建设,决定党的建设方向和效果。

严明政治纪律和政治规矩;提高各级党组织和党员干部政治判断力、政治领悟力、政治执行力……二十大报告中,党的政治建设纲举目张,为党的建设锚定方向。

"政治方向是第一位的问题,政治方向出现偏差,就可能差之毫厘、谬以千里。"南京航空航天大学马克思主义学院党委书记徐川代表说,前进道路上,必须深刻领悟"两个确立"的决定性意义,不断增强"四个意识"、坚定"四个自信"、做到"两个维护",不断提高政治判断力、政治领悟力、政治执行力,筑牢全面从严治党的政治基础、思想基础、组织基础。

习近平总书记在二十大报告中指出,"增强党组织政治功能和组织功能""抓住'关键少数'以上率下"。

村里修了路、有了产业,年轻人在家门口有了工作,老百姓的日子越过越红火……这些年水乡儿女生活的巨大变化,让贵州省三都水族自治县九阡镇"90后"党委副书记韦子涵代表深刻认识到,一个坚强有力的党组织、一支作风过硬的党员干部队伍的重要性。

"要突出抓好'关键少数',高标准做到知敬畏、存戒惧、守底线,切实做到挺纪在前、警钟长鸣。"韦子涵说,作为青年干部,要坚守初心本色,以先进党员为榜样要求自己,扣好廉洁从政的"第一粒扣子",自觉接受党组织的教育管理监督,树立正确的世界观、人生观、价值观。

强有力的政治监督,是确保党中央重大决策部署贯彻落实到位的重要保障。

"全面从严治党首先要从政治上看、从政治上想、从政治上办。"宁夏回族自治区纪委副书记、自治区监察委员会副主任马文娟代表说,纪检监察机关作为党内监督和国家监察专责机关,更应自觉担起"两个维护"的特殊使命和重大责任,坚持党中央重大决策部署到哪里、监督检查就跟进到哪里。

代表们认为,要把旗帜鲜明讲政治体现在坚决贯彻党中央决策部署的行动上,体现在履职尽责、做好本职工作的实效上,做到对"国之大者"了然于胸,深刻领悟党中央重大决策部署的精神实质和政治内涵,做到知责于心、担责于身、履责于行。

时刻保持解决大党独有难题的清醒和坚定

二十大报告鲜明指出,我们党作为世界上最大的马克思主义执政党,要始终赢得人民拥护、巩固长期执政地位,必须时刻保持解决大党独有难题的清醒和坚定。

"正如习近平总书记在二十大报告中指出,只要存在腐败问题产生的土壤和条件,反腐败斗争就一刻不能停。"仔细审议中纪委工作报告的各项部署,辽宁省沈阳市苏家屯区解放街道党工委副书记、办事处主任吴书香代表感触颇深。

吴书香说:"近年来基层存在的一些作风问题得到大力整治,已经取得了明显效果,但这不是一劳永逸的。我们要完善群众参与的评价体系,畅通群众投诉建议渠道,以零容忍态度反腐惩恶。"

治党务必从严,从严必依法度。

进入新时代,党内法规制定力度之大、出台数量之多、制度权威之高、治理效能之好都前所未有,党的制度建设取得历史性成就。

"从中央八项规定、关于新形势下党内政治生活的若干准则,到近期出台的《推进领导干部能上能下规定》,制度建设持续推进,不断深化系统施治、标本兼治的综合效应。"上海市第二中级人民法院立案庭副庭长乔蓓华代表说。

乔蓓华表示,制度的生命力在于执行,要把党内法规制度执行摆在更加突出的位置，坚决纠正有令不行、有禁不止行为，从而充分发挥党内法规的作用，真正彰显党内法规的治理效能。

从作风建设十年如一日，一个毛病一个毛病地纠治、一个问题一个问题地突破；到重拳出击，不敢腐、不能腐、不想腐一体推进，"打虎""拍蝇""猎狐"多管齐下……

"二十大报告提出持续深化纠治'四风'，重点纠治形式主义、官僚主义，坚决破除特权思想和特权行为，为我们继续狠抓作风建设指明了方向。"广西南宁百会药业集团有限公司党委副书记、纪委书记李华代表说，"我们将在经营管理中持续强化监督和廉政风险防控，推进企业廉洁文化建设纵深发展，建设忠诚干净担当的干部队伍。"

代表们表示，踏上新征程、迎接新挑战，必须永葆"赶考"的清醒和坚定，落实新时代党的建设总要求，健全全面从严治党体系，全面推进党的自我净化、自我完善、自我革新、自我提高，使我们党坚守初心使命，始终成为中国特色社会主义事业的坚强领导核心。

（新华社北京 2022 年 10 月 20 日电　新华社记者罗沙、孙少龙、熊丰、白阳、姜琳、兰天鸣）

附 录

用好有利条件　走好"必由之路"

——习近平总书记作出的"五个战略性有利条件"重大论断引领中国号巨轮行稳致远

重大的战略论断，关系全局、事关长远。

2022年全国两会期间，习近平总书记在作出"五个必由之路"重大论断的同时，深刻洞察时代发展大势，准确把握历史发展趋势，深入分析我国发展优势，从统筹中华民族伟大复兴战略全局和世界百年未有之大变局的高度，作出我国发展具有"五个战略性有利条件"的重大论断，对新时代新征程上我国面临的战略机遇和显著优势进行了精辟概括和深刻阐释。

科学的理论指引，揭示本质、汇聚力量。

习近平总书记作出"五个战略性有利条件"的重大论断具有鲜明理论品格和实践特色，为推动中国经济社会平稳健康发展提供了重要认识论和方法论，为新时代新征程开创党和国家事业新局面提供了坚强思想保证和强大精神力量，必将引领中国在"必由之路"上攻坚克难、行稳致远。

科学系统的战略思想——鲜明提出"五个战略性有利条件"，彰显高瞻远瞩的战略眼光、总揽全局的战略智慧

战略问题是一个政党、一个国家的根本性问题。

3月6日下午，北京友谊宾馆聚英厅，习近平总书记看望参加全国政协十三届五次会议的农业界、社会福利和社会保障界委员，并参加联组会。

在听取7位委员发言后，习近平总书记发表重要讲话，提出并阐明我国发展仍具有的"五个战略性有利条件"："有中国共产党的坚强领导""有中国特色社会主义制度的显著优势""有持续快速发展积累的坚实基础""有长期稳定的社会环境""有自信自强的精神力量"。

战略性，关乎总体全局、事关根本长远、影响至为关键，具有决定成败胜负的重大意义。战略性有利条件，意味着不是一般性的有利条件、不是一时半时的优势，而是对于发展全局、长远走向有着关键影响的主要有利条件。

"五个战略性有利条件"的重大论断，蕴含着深邃思考，绽放着时代光芒，深刻阐明了"时与势在我们一边"的道理。

这是统筹两个大局作出的重大战略判断——

习近平总书记强调："战略上判断得准确，战略上谋划得科学，战略上赢得主动，党和人民事业就大有希望。"

党的十八大以来，从确立实现中华民族伟大复兴战略愿景，到协调推进"四个全面"战略布局，以习近平同志为核心的党中央坚持战略思维，明确战略导向，作出战略擘画，为新时代党和国家事业发展指明了前进方向、提供了根本遵循。

此时此刻，中国正处在新的时代方位、面对新的历史关口：

2022年是进入全面建设社会主义现代化国家、向第二个百年奋斗目标进军新征程的重要一年，我们党将召开第二十次全国代表大会。

放眼全球，国际形势发生新的重大变化，和平与发展的时代主题面临严峻挑战，世界既不太平也不安宁。百年变局和世纪疫情相互交织，经济全球化遭遇逆流，大国博弈日趋激烈，乌克兰局势风云变幻，世界进入新的动荡变革期。

环顾国内，改革发展稳定任务艰巨繁重，中国经济发展面临需求收缩、供给冲击、预期转弱三重压力,保持平稳健康的经济环境、国泰民安的社会环境、风清气正的政治环境至为关键。

越是关键时期、重要节点,越要在战略上作出准确判断、进行科学谋划。

"随着经济增速下降和国际形势变化,社会上难免出现一些焦虑情绪,担心我国发展的战略机遇期已经过去。"清华大学中国经济思想与实践研究院院长李稻葵说,"五个战略性有利条件"的提出,正是立足国情、世情,从大国发展的客观规律出发作出的重大判断,充分表明当前和今后一个时期我国发展仍然处于重要战略机遇期。

李稻葵表示,这样的战略机遇期不是等来的、盼来的,是踏踏实实办好每一件事情、一步步创造出来的。

"'五个战略性有利条件'蕴含深厚的社会历史感、丰富的辩证思维和缜密的系统观念,为我们提供了科学的思想方法和工作方法。"中央党史和文献研究院研究员许先春说。

这是着眼历史大势的强大战略自信——

当前,随着外部环境更趋复杂严峻和不确定,不利条件给我国发展带来多重压力。形势环境越是复杂、使命任务越是艰巨,越要从战略上看问题、想问题。

"'五个战略性有利条件'是我们在回看走过的路、比较别人的路、远眺前行的路基础上得出的重要历史经验,已经在实践中不断验证并得以巩固,不会因任何艰难险阻而动摇和改变。"中国社会科学院政治学研究所所长张树华说。

举大事,必有所资。

从应对新冠肺炎疫情、打赢脱贫攻坚战,到"中国之治"与"西方之乱"对比更加鲜明;从经济体量大、回旋余地广,到续写了社会长期稳定的奇迹;从中国人民积极性、主动性、创造性进一步激发,到志气、骨气、底气空前增强……"五个战略性有利条件"相互有机统一,既是清醒的战略判断，也通过新时代实践成果展现了战略自信。

战略性有利条件，意味着大势所趋，汇聚合力就成为显著优势。

上海社会科学院党委书记权衡表示，用好战略性有利条件，我们就能在历史前进的逻辑中前进，在时代发展的潮流中发展，有效应对和驾驭复杂局面，在危机中育先机、于变局中开新局，牢牢把握发展主动权。

习近平总书记强调指出："当今世界正经历百年未有之大变局，但时与势在我们一边，这是我们定力和底气所在，也是我们的决心和信心所在。"

这是走好必由之路的重要战略支撑——

3月5日，习近平总书记在参加十三届全国人大五次会议内蒙古代表团审议时，回顾新时代党和人民奋进历程，围绕坚持党的全面领导、中国特色社会主义、团结奋斗、贯彻新发展理念、全面从严治党提出"五个必由之路"重大论断。

两个重大论断的提出，仅仅间隔一天。从思想逻辑和实践逻辑上看，"五个必由之路"和"五个战略性有利条件"组成完整的理论框架，系统回答了举什么旗、走什么路、靠什么向前走的根本性问题。

"'五个战略性有利条件'连接起历史、现在与未来，揭示了中国发展的深层次规律。在实践中用好这些有利条件，我们就能占据战略主动，乘势而上，攻坚克难，再谱新篇。"中央党校（国家行政学院）教授李海青说。

事关长远的战略谋划——准确把握"五个战略性有利条件"，运用战略思维观大势、谋大事，赢得未来发展主动权

习近平总书记指出："我们是一个大党，领导的是一个大国，进行的是伟大的事业，要善于进行战略思维，善于从战略上看问题、想问题。"

"五个战略性有利条件"既是战略判断，也是战略谋划，涉及政治、经济、文化等领域重大问题；既回答了新时代我们为什么成功，也揭示了未来我们怎样继续成功，提供了科学的理论指导和实践指南；既相辅相成，又有机统一，要从整体上正确认识、系统把握。

以坚强领导核心凝聚奋进伟力——

风雨不惧，砥柱中流。

在"五个战略性有利条件"重大论断中，习近平总书记旗帜鲜明地指出，"有中国共产党的坚强领导，总揽全局、协调各方，为沉着应对各种重大风险挑战提供根本政治保证"。

3月17日，习近平总书记主持召开中央政治局常委会会议，分析新冠肺炎疫情形势，部署从严抓好疫情防控工作。

"要保持战略定力，坚持稳中求进，统筹好疫情防控和经济社会发展，采取更加有效措施，努力用最小的代价实现最大的防控效果，最大限度减少疫情对经济社会发展的影响。"习近平总书记强调。

坚持就是胜利！有党的坚强领导就一定能够胜利！

面对世纪疫情冲击，以习近平同志为核心的党中央高瞻远瞩、运筹帷幄，坚持统筹疫情防控和经济社会发展，打响抗击疫情的人民战争、总体战、阻击战。常态化疫情防控以来，快速有效处置局部地区聚集性疫情，我国经济发展和疫情防控保持全球领先地位，党中央坚强领导的"定海神针"作用充分彰显。

以前所未有的勇气正风肃纪反腐，推动香港局势实现由乱到治的重大转折，以坚决姿态抵制霸凌行径捍卫国家和人民根本利益……党的十八大以来，无论遇到什么样的惊涛骇浪，以习近平同志为核心的党中央都能从容应对、果断决策，以超强整合力、强大动员力和高效执行力，一次次将"不可能"变成"一定能"。

"正是一次次大战大考让人们更加深刻地感受到，中国共产党有着无比坚强的领导力，是我们奋进航程中最稳健的压舱石，是风雨来袭时中国人民最可靠的主心骨。"政协联组会上，现场聆听习近平总书记重要讲话的全国政协委员、海南省白沙黎族自治县打安镇干部羊风极分外感慨。

以显著制度优势保障发展进步——

制度优势是一个国家的最大优势,制度竞争是国家间最根本的竞争。

在"五个战略性有利条件"重大论断中,习近平总书记强调,有中国特色社会主义制度的显著优势,我国政治制度和治理体系在应对新冠肺炎疫情、打赢脱贫攻坚战等实践中进一步彰显显著优越性,"中国之治"与"西方之乱"对比更加鲜明。

从不断完善社会主义基本经济制度、基本政治制度,到日益丰富不同领域具有创新性、支撑性的重要制度……党的十八大以来,中国特色社会主义制度体系层次分明、系统完备,各项制度更加成熟、更加定型,民主集中制更加健全,全面依法治国深入推进,在国家治理中日益显现出巨大的制度效能。

"中国经济率先全球转正,脱贫攻坚战取得伟大胜利、全面小康千年梦圆""真金不怕火炼,伟大成就、伟大变革全面展示了'中国之治'的显著优势"……在今年全国两会审议讨论中,对在百年变局和世纪疫情复杂挑战下取得的一系列彪炳史册的奇迹,代表委员们谈得热烈、感受真切。

亿万人民群众发自内心拥护党的领导,更加深切感受到社会主义制度优越性,更加由衷地为伟大祖国感到骄傲。

以持续快速发展夯实发展基础——

国内生产总值达到 114 万亿元,增长 8.1%;全国财政收入突破 20 万亿元,增长 10.7%;城镇新增就业 1269 万人;粮食产量 1.37 万亿斤,创历史新高……今年政府工作报告中的一串串数字,为 2021 年的极不平凡写下生动注脚。

"成绩的取得着实不易。"清华大学经济管理学院院长白重恩说,国民经济持续恢复、经济增速全球领先、民生保障有力有效,为新征程继续迈向高质量发展提供坚强保障。

2021年，中国国内生产总值一年净增13万亿元，这在中华民族历史上是第一次。

"这说明中国经济发展后劲很强，韧性很强，市场主体活力和抗风险能力都很强，这是实现经济增长预期目标的信心和基础所在。"国家发展改革委主任何立峰表示。

《纽约时报》刊文称，中国5.5%左右的经济增速目标比以往虽有下调，但仍然高于大多数国家，能在全球不确定性中提振信心。

习近平总书记指出，我国经济实力、科技实力、国防实力、综合国力显著增强，经济体量大、回旋余地广，又有超大规模市场，长期向好的基本面不会改变，具有强大的韧性和活力。

以稳定社会环境保障发展安全——

社会的稳定，是民族复兴的基石，是民生福祉所系。

习近平总书记在"五个战略性有利条件"的重大论断中指出，"人民获得感、幸福感、安全感显著增强，社会治理水平不断提升，续写了社会长期稳定的奇迹"。

新中国成立70多年来，党领导人民不懈奋斗、不断进取，创造了经济快速发展和社会长期稳定两大奇迹。今天，中华民族向世界展现的是一派欣欣向荣的气象。

强大的祖国、安全的环境，永远是亿万华夏儿女的依靠。3月5日至19日，已累计有17架接返自乌克兰撤离中国公民的临时航班安全回国。

党的十八大以来，一系列专项打击整治行动和高质量服务举措的落地落实，让老百姓有了更多更直接更实在的获得感、幸福感、安全感。2020年，全国刑事立案总量实现五年连降，八类主要刑事案件和查处治安案件数量实现六年连降。当前，我国是命案发案率、刑事犯罪率最低的国家之一。

国家统计局调查显示，近年来，全国群众安全感逐年上升，2020

年达98.4%，2021年上半年达98.56%。在美国民意调查机构盖洛普去年公布的全球法律与秩序指数中，我国排在第二位，相比2020年又上升一位。

"坚持以人民为中心的发展思想，凝聚起亿万人民的力量，我们大家拧成一股绳，团结奋进、不懈奋斗，就能不断实现人民对美好生活的向往。"全国人大代表、河北省沙河市白塔镇栾卸村党总支书记李长庚说。

以强大精神力量坚定前行信心——

人无精神则不立，国无精神则不强。

在"五个战略性有利条件"重大论断中，习近平总书记强调，中国人民积极性、主动性、创造性进一步激发，志气、骨气、底气空前增强，党心军心民心昂扬振奋。

如期全面建成小康社会，开启全面建设社会主义现代化国家新征程，成功举办北京冬奥会、冬残奥会……放眼新时代，中华民族伟大复兴展现出前所未有的光明前景，让中华民族的精神之光竞相闪耀。

新起点上，中国人民更加坚定自信。无数劳动者擦亮中国制造、中国建造的荣光，无数驻村干部托起乡村振兴的明天，无数教育工作者用知识点亮孩子的梦想，无数快递小哥奔走在路上服务超大市场……

"当今世界，要说哪个政党、哪个国家、哪个民族能够自信的话，那中国共产党、中华人民共和国、中华民族是最有理由自信的。"习近平总书记的话语铿锵有力、掷地有声。

这自信，是顺应时代潮流的自觉，是历经沧桑得出的根本共识，是用好"五个战略性有利条件"最强大的力量。

团结奋斗的战略定力——抓住用好"五个战略性有利条件"，凝心聚力，把握主动，继续创造新的更大奇迹

战略性有利条件，是我们强大的信心所在、底气所在，关键在于运用正确的策略抓住用好、落实到位。

习近平总书记指出:"战略和策略是辩证统一的关系,要把战略的坚定性和策略的灵活性结合起来。各地区各部门确定工作思路、工作部署、政策措施,要自觉同党的理论和路线方针政策对标对表、及时校准偏差,党中央作出的战略决策必须无条件执行,确保不偏向、不变通、不走样。"

用好战略性有利条件,要认清优势、坚定信心,始终牢牢掌握历史主动权——

战略性有利条件,是长期向好的巨大优势,是我们掌握历史主动、开拓进取的重要法宝。

"'五个战略性有利条件'是读懂中国奇迹的关键密码,更是我们迈向光明未来的科学指引。"张树华说。

主要生产需求指标回升,就业、物价总体稳定,经济结构持续优化……今年以来,面对复杂严峻国际环境和国内疫情散发等多重考验,中国经济恢复好于预期,呈现出浓浓暖意。

正如外媒评价,中国经济开年"成绩单"来之不易,为实现全年增长目标、世界经济稳定复苏注入强大信心和动力。

明确路径,方能在发展前进中不惑不惧;厘清优势,才会在困难挑战前勇毅前行。

这是中国更强大底气和信心的来源:更稳定的发展预期、更清晰的政策指向;超大经济体的丰厚实力、超大规模的市场优势以及全球最完整的工业体系;全面建成小康社会,历史性解决绝对贫困问题,开启全面建设社会主义现代化国家新征程……

新征程上,将战略性有利条件转化为高质量发展的战略优势,中国必将化危为机,在变局中不断开拓新局。

用好战略性有利条件,要巩固优势、攻坚克难,保持定力向前进——

"'五个战略性有利条件',是中国过去成功经验的总结,也是中国未来迈向更大胜利的保障。"李海青说，我们要努力巩固有利条件，充分发挥优势，为下一步攻坚克难夯实基础、加油助力。

悠悠万事，吃饭为大。

3月16日，国家耐盐碱水稻技术创新中心在三亚挂牌。这一中心的设立，将推动提升我国粮食科技创新和盐碱地生态修复能力，为我国突破"藏粮于地"空间、拓展"藏粮于技"储备开辟新路径。

"粮食安全是'国之大者'""耕地是粮食生产的命根子""解决吃饭问题，根本出路在科技"……习近平总书记在政协联组会上点明了我国粮食发展亟须解决的重要问题，也为未来如何实现粮食安全指明方向。

以占世界9%的耕地、6%的淡水资源，养育了世界近五分之一的人口，粮食产量喜获"十八连丰"……成绩取得来之不易，更需巩固优势，乘势而上，努力打好粮食安全保卫战。

当下，疫情考验再度袭来：全国本土聚集性疫情呈现点多、面广、频发的特点，3月1日至18日疫情已波及28个省份。

"要始终坚持人民至上、生命至上，坚持科学精准、动态清零，尽快遏制疫情扩散蔓延势头。"3月17日，习近平总书记在主持召开中央政治局常委会会议时指出。

国家卫生健康委有关负责人表示，疫情防控的"中国经验"保障了我国人民群众的生命健康。当前要坚决采取更加有效、更有针对性的措施，力争尽快有效控制局部聚集性疫情，为人民生活和经济社会发展营造良好的环境。

吉林市昌邑区兴华街道中兴社区党总支书记陈晓红说，越是吃劲的时候越要坚持，尽管每天工作很繁重，但是我们有信心赢得抗击疫情的最终胜利。

用好战略性有利条件，要发挥优势、真抓实干，团结奋斗向未来——

村道宽敞洁净，兰花清香淡雅，走进浙江省绍兴市柯桥区漓渚镇棠棣村，难以想象曾经的穷山村如今成了以花致富的"网红村"。

村党总支书记刘建明描绘了棠棣村今后五年的发展蓝图：将累计投入810万元，通过数字技术赋能兰花产业，打造"慧质兰芯"的浙江省级未来乡村样板、省级共同富裕示范村。

加快推进传统能源清洁化利用、积极布局可再生能源、出台节能减排规划……全国两会闭幕后，各地各行业各相关企业便积极行动，推进"双碳"新部署落地落实。

"推进'双碳'工作必须坚持全国一盘棋。要坚持先立后破、稳妥推进，绵绵用力、久久为功。我们不搞'碳冲锋'，也不搞运动式'减碳'，有力有序有效推进'双碳'工作。"何立峰说。

采取更有力措施统筹疫情防控和经济社会发展，多部门协同发力为困难群众提供保障，强化知识产权保护推动种业科技创新……全国两会精神正化作一个个更精准、更细致的具体行动，在各地的充沛干劲和昂扬斗志中不断落实落细。

"在百年变局和世纪疫情相互交织的历史关口，把握'五个战略性有利条件'，有利于我们发扬历史主动精神，以更加坚定清醒的历史自信、历史自觉砥砺前行，牢牢掌握发展主动权。"许先春说。

"有自信自强的精神力量"——这不仅是中国取得伟大发展成就的密码之一，也将成为激励中国人民接续奋斗、不断创造更大奇迹的动力引擎。

把握有利条件，抓住历史机遇，赢得发展先机。

在以习近平同志为核心的党中央坚强领导下，14亿多中国人民以团结奋斗的姿态凝聚起磅礴伟力，用好"有利条件"，走好"必由之路"，发扬历史主动精神，必将在中华民族伟大复兴不可逆转的历史进程中，继续创造令人刮目相看的新的更大奇迹。

（新华社北京2022年3月20日电　新华社记者张旭东、赵超、韩洁、丁小溪、于佳欣、孙少龙、谭谟晓）